PROFISSIONALIZAÇÃO DE PESSOAS COM DEFICIÊNCIA NO CONTEXTO ATUAL I

Dados Internacionais de Catalogação na Publicação (CIP)

B328p Bataliotti, Soellyn Elene

Profissionalização de pessoas com deficiência no contexto atual I / Soellyn Elene Bataliotti. – São Paulo, SP : Cengage, 2016.

Inclui bibliografia.
ISBN 13 978-85-221-2880-8

1. Trabalho. 2. Profissionalização – Pessoas com deficiência. 3. Reintegração social. 4. Institucionalização. I. Título.

CDU 377-056.26
CDD 371.91

Índice para catálogo sistemático:

1. Profissionalização: Pessoas com deficiência   377-056.26

(Bibliotecária responsável: Sabrina Leal Araujo – CRB 10/1507)

PROFISSIONALIZAÇÃO DE PESSOAS COM DEFICIÊNCIA NO CONTEXTO ATUAL I

CENGAGE

Austrália • Brasil • México • Cingapura • Reino Unido • Estados Unidos

Profissionalização de pessoas com deficiência no Contexto Atual I

Autora: Soellyn Elene Bataliotti

Gerente editorial: Noelma Brocanelli

Editoras de desenvolvimento: Gisela Carnicelli, Regina Plascak e Salete Guerra

Coordenadora e editora de aquisições: Guacira Simonelli

Produção editorial: Fernanda Troeira Zuchini

Copidesque: Sirlene M. Sales

Revisão: Simone Miranda de Sales e Vania Helena Lopes Gonçalves

Diagramação: Alfredo Carracedo Castillo

Capa: Estúdio Aventura

Imagens usadas neste livro por ordem de páginas:

auremar/Shutterstock; wavebreakmedia/Shutterstock; Waj/Shutterstock; Rawpixel/Shutterstock; Rawpixel/Shutterstock; alphaspirit/Shutterstock; bikeriderlondon/Shutterstock; Rommel Canlas/Shutterstock; michaeljung/Shutterstock; Africa Studio/Shutterstock; Goodluz/Shutterstock; karelnoppe/Shutterstock; kurhan/Shutterstock; lightpoet/ Shutterstock; chippix/ Shutterstock; karelnoppe/Shutterstock; Andrey_Popov/Shuterstock; Macrovector/Shutterstock; Ljupco Smokovski/Shutterstock; Vladimir Mucibabic/Shutterstock; wavebreakmedia/Shutterstock; Olesia Bilkei/Shutterstock; Lightspring/Shutterstock; Stokkete/Shutterstock; karelnoppe/Shutterstock; Neftali/ Shutterstock; minoru suzuki/Shutterstock; Everett Historical/Shutterstock; Georgios Kollidas/Shutterstock; Marzolino/Shutterstock; Dmitry Kalinovsky/Shutterstock; Denis Kuvaev/Shutterstock

© 2016 Cengage Learning Edições Ltda.

Todos os direitos reservados. Nenhuma parte deste livro poderá ser reproduzida, sejam quais forem os meios empregados, sem a permissão por escrito da Editora. Aos infratores aplicam-se as sanções previstas nos artigos 102, 104, 106, 107 da Lei nº 9.610, de 19 de fevereiro de 1998.

Esta editora empenhou-se em contatar os responsáveis pelos direitos autorais de todas as imagens e de outros materiais utilizados neste livro. Se porventura for constatada a omissão involuntária na identificação de algum deles, dispomo-nos a efetuar, futuramente, os possíveis acertos.

Esta editora não se responsabiliza pelo funcionamento dos links contidos neste livro que possam estar suspensos.

Para permissão de uso de material desta obra, envie seu pedido para
direitosautorais@cengage.com

© 2016 Cengage Learning Edições Ltda.
Todos os direitos reservados.

ISBN 13: 978-85-221-2880-8
ISBN 10: 85-221-2880-4

Cengage Learning Edições Ltda.
Condomínio E-Business Park
Rua Werner Siemens, 111 - Prédio 11
Torre A - Conjunto 12
Lapa de Baixo - CEP 05069-900 - São Paulo - SP
Tel.: (11) 3665-9900   Fax: 3665-9901
SAC: 0800 11 19 39

Para suas soluções de curso e aprendizado, visite
www.cengage.com.br

Impresso no Brasil
Printed in Brazil

Apresentação

Com o objetivo de atender às expectativas dos estudantes e leitores que veem o estudo como fonte inesgotável de conhecimento, esta **Série Educação** traz um conteúdo didático eficaz e de qualidade, dentro de uma roupagem criativa e arrojada, direcionado aos anseios de quem busca informação e conhecimento com o dinamismo dos dias atuais.

Em cada título da série, é possível encontrar a abordagem de temas de forma abrangente, associada a uma leitura agradável e organizada, visando facilitar o aprendizado e a memorização de cada assunto. A linguagem dialógica aproxima o estudante dos temas explorados, promovendo a interação com os assuntos tratados.

As obras são estruturadas em quatro unidades, divididas em capítulos, e neles o leitor terá acesso a recursos de aprendizagem como os tópicos *Atenção*, que o alertará sobre a importância do assunto abordado, e o *Para saber mais*, com dicas interessantíssimas de leitura complementar e curiosidades incríveis, que aprofundarão os temas abordados, além de recursos ilustrativos, que permitirão a associação de cada ponto a ser estudado.

Esperamos que você encontre nesta série a materialização de um desejo: o alcance do conhecimento de maneira objetiva, agradável, didática e eficaz.

Boa leitura!

Prefácio

A tese de que "o trabalho edifica o homem", de Max Weber, se disseminou no tempo e no espaço. Aquele que produz e satisfaz o seu próprio sustento é visto como ser digno tanto pela sociedade, como por ele próprio.

Apesar das adaptações, tal pensamento tem a sua razão de ser. Além de dignificar o indivíduo, concede a ele a aceitação de um grupo, de uma sociedade. Em razão disso, mais e mais pessoas buscam por melhores colocações profissionais em uma incessante busca por altos cargos e salários, investindo, para tanto, na sua capacitação e profissionalização.

Tal desejo não persegue somente aquele que goza de plena saúde ou que não enfrenta limitações físicas. Podemos dizer que o desejo do sucesso, tanto pessoal como profissional, faz parte do pensamento humano, de um modo geral. E isso não é diferente para aqueles que fazem parte de grupos considerados minoritários na nossa sociedade.

Ao pensarmos na evolução do ser humano ao longo da história, é inconteste assimilar os avanços conquistados pelas pessoas com deficiência. A realidade, hoje, é muito melhor do que os anos passados, mas ainda é insatisfatória se pensarmos no que ainda pode ser feito no que tange à igualdade de direitos. O acesso ao mercado profissional é um bom exemplo: se pararmos para refletir, não precisaremos ir muito longe, basta olhar ao nosso redor e contabilizar a quantidade de pessoas portadoras de algum tipo de deficiência que conosco divide espaço. São pouquíssimas... quando existem.

As chances outorgadas aos profissionais portadores de deficiência são ínfimas se comparadas às oportunidades conferidas aos demais.

Um intenso processo está ocorrendo para transformar essa realidade e é sobre isso que esse material vai tratar.

Neste livro, o leitor vai compreender um pouco mais sobre a questão que envolve o tema.

Em suas unidades, a disciplina apresenta o conceito de profissionalização; a origem e a relação da profissionalização com o ensino; o registro da profissão; a situação atual do acesso à profissionalização da pessoa com deficiência e as suas expectativas. Vai aprender, também, sobre as pessoas com deficiência no mercado de trabalho e como tem se dado a sua adaptação nesse cenário. Outra abordagem que o material apresenta é sobre a profissionalização do indivíduo portador de deficiência visual, auditiva, física ou intelectual.

Um debate importante sobre a reintegração e a reabilitação da pessoa com deficiência é tratada na Unidade 3 deste conteúdo, que vai tratar, também, dos institutos que fomentam a capacitação do portador de necessidades especiais e a atuação de cada um em colaboração com essas pessoas.

Um verdadeiro convite para aqueles que querem ser inseridos no universo daqueles que buscam pela inclusão.

UNIDADE 1
A IMPORTÂNCIA SOCIAL E PSICOLÓGICA DO TRABALHO PARA O HOMEM

Capítulo 1 Contextualizando o trabalho, 10

Capítulo 2 Para quê e por que o homem trabalha, 12

Capítulo 3 A importância social do trabalho, 13

Capítulo 4 A importância psicológica do trabalho, 15

Capítulo 5 Os grupos marginalizados na história do trabalho, 18

Capítulo 6 Conclusão, 25

Glossário, 26

1. Contextualizando o trabalho

Este conteúdo tem como objetivo tornar possível a compreensão sobre a profissionalização da pessoa com deficiência no contexto atual e, para melhor entender como se chegou a este contexto, é necessário olhar para trás e entender um pouco da história da humanidade e do trabalho.

Nesta primeira unidade, será destacada a importância do trabalho, com um resgate histórico, para que, até o final da disciplina, possamos compreender a real situação da profissionalização da pessoa com deficiência.

Para tanto, alguns pontos são importantes traçar para reflexão, entre eles, entender o que é trabalho, qual é a sua história e a sua importância social e psicológica para o indivíduo. Além disso, é necessário refletir sobre o porquê de as pessoas trabalharem. Outro aspecto importante é compreender por que o trabalho sempre foi ligado ao ser humano.

Depois de feito esse resgate histórico sobre o trabalho, será possível entender a condição da pessoa com deficiência nessa área.

Para começar, é importante definir o que é o trabalho. Trabalho é nada mais do que o próprio ato de trabalhar, ou seja, uma ocupação intelectual ou manual. Da leitura dessa definição, depreende-se que trabalho é o ato de produzir algo. Essa produção está atrelada à atividade humana em várias fases do seu desenvolvimento: do **primitivo** ao **capitalismo**.

Desde a evolução da espécie, já sabemos que, para se adaptar ao meio, foi necessário procurar por alimentos e se defender dos perigos iminentes do dia a dia. A partir de então, surgem as ferramentas de pesca e caça. Por muito tempo, os primitivos foram nômades e estavam, constantemente, em busca de novos lugares para a alimentação e sobrevivência.

Com o passar do tempo, foi constatada a possibilidade de produzir a própria fonte de alimentos, surgindo, então, a oportunidade do plantio.

Com a construção de grandes civilizações, o trabalho tornou-se ainda mais necessário, no entanto, em grande escala, uma vez que começaram a se erguer enormes cidades, templos, obras e reinos. Como o trabalho voltado apenas para o próprio sustento não permitia o "progresso", os homens descobriram que podiam obrigar seus inimigos a trabalhar por eles. Surge, então, o trabalho escravo, ocasião em que o indivíduo, em vez de matar seu adversário, passa a obrigá-lo a realizar trabalhos. Um homem com muitos escravos percebeu que poderia lucrar. Nesse ciclo, iniciam-se as relações comerciais.

Muitos foram escravizados. Na verdade, civilizações inteiras. Apenas homens sadios podiam trabalhar. Aqueles que apresentassem qualquer deficiência eram sacrificados e mortos, pois não traziam para os seus senhores bons resultados nas construções ou colheitas.

Na Babilônia, o **Código de Hamurabi** ditava as leis para o trabalho. A sociedade era dividida em três partes: *Awilum* (homens livres, proprietários de terras); *Muskênum* (os funcionários públicos, que tinham certas regalias para o uso das terras); e os *Wardum* (os escravos).

Durante o período de escravidão, o escravo era considerado apenas uma "coisa" que estava ali para produzir e servir ao seu senhor. O período de escravidão durou por muitos anos desde o tempo dos Egípcios, Gregos e Romanos, que tiveram muita importância, até a colonização da América que, para povoar o novo mundo, necessitou de muita mão de obra escrava: primeiro, a dos nativos, que eram os índios que ali moravam; depois, a dos negros trazidos da África.

Com o fim da escravidão, iniciada com a Revolução Francesa em 1857, muitos países foram se tornando adeptos da abolição, inclusive o Brasil, com a Lei Áurea, em 1888. Após isso, começou a servidão: muitos estavam livres, mas era preciso trabalhar para pagar os impostos. Nesse ambiente é que surgem as leis trabalhistas, que visam conceder direitos aos trabalhadores.

2. Para quê e por que o homem trabalha

Diante de toda a contextualização histórica, você já deve ter entendido do porquê de o homem sempre ter a necessidade do trabalho, não é mesmo?

O homem sempre trabalhou para poder sobreviver. Como apresentado, ao longo dos tempos houve várias fases do trabalho. Atualmente, o indivíduo trabalha não somente para conseguir alimento, mas para ter uma profissão que, muitas vezes, está relacionada à sua posição social e à importância que ela tem para a sociedade, bem como para si próprio.

Diante disso, o que se pode observar é que a busca por melhores trabalhos está além da mera manutenção da sobrevivência: abrange o alcance de *status* social e a inserção social e econômica. Claro que há pessoas que ainda trabalham para garantir o seu sustento, educar bem os filhos e, muitos ainda, que trabalham em regime de escravidão, mas, atualmente, o trabalho envolve muitas finalidades que visam fazer bem ao indivíduo.

Nesse sentido, são muitos "para quê" o homem trabalha. A resposta vai depender da condição social e da necessidade do indivíduo. De qualquer modo, o trabalho é essencial para o homem, independentemente da finalidade pela qual se realiza.

SAIBA MAIS! O Decreto-Lei n. 5.452, de 1943, foi sancionado pelo ex-presidente da República, Getúlio Vargas, e visou unificar a legislação trabalhista existente no Brasil. A CLT, como é conhecida a Consolidação das Leis Trabalhistas, é resultado de 13 anos de esforços dos juristas envolvidos, iniciados ainda na época do Estado Novo. Reúne normas do direito do trabalho urbano, rural e doméstico. Entre os assuntos abordados estão: a jornada de trabalho, as férias, o período de descanso, a proteção do menor e da mulher, as normas do trabalho coletivo e o processo do trabalho. Conheça um pouco mais acessando: <http://www.planalto.gov.br/ccivil_03/decreto-lei/del5452.htm>. Acesso em: jul. 2015.

Se pensarmos "o porquê" de o homem trabalhar, faz-se necessário citar Marx quando este diz: "é um processo de que participam o homem e a natureza, processo em que o ser humano com sua própria ação impulsiona, regula e controla seu intercâmbio material com a natureza".

O homem trabalha porque precisa estar em movimento, fazer-se social, ser reflexivo e interagir com o mundo. Além disso, o sistema capitalista torna as relações humanas mais complexas.

Quando a ação do trabalhar se aprofunda no capitalismo, deve-se ter o cuidado com a dedicação dispensada a seu exercício. Para Bairro e Goin (2014), essa "concepção" de trabalho torna-se cada vez mais aprimorada quando o capitalismo explora e aliena os trabalhadores, reforçando seu domínio e, ainda, quando estes se entregam a grandes jornadas, passadas das 8 horas diárias previstas pela lei trabalhista, sem direito a lazer e cultura, o que acaba banalizando as relações sociais.

Essas relações que o trabalho oportuniza são essenciais para o homem, pois como um ser social, ele necessita interagir com o outro e sentir-se útil à sociedade.

3. A importância social do trabalho

Para sentir-se produtivo junto à sociedade, o trabalhador deve receber demandas que possibilitem realizar suas atividades e ser valorizado no que faz.

A Consolidação das Leis de Trabalho surgiu para regulamentar as leis trabalhistas e firmar a importância dessa função. Outras leis importantes já são previstas para o trabalhador, até mesmo para o contrato da pessoa com deficiência, que será abordado nas próximas unidades. Para Codo, Vasques-Menezes e Verdan (1999), um ladrão também tem importância na sociedade no que se refere ao trabalho, isto é, os autores fazem a relação de que, sem o

ladrão, não haveria a necessidade de empregos como o de segurança e os de fabricantes de fechaduras, entre outros, que são indispensáveis contra delitos como assaltos e furtos. O desaparecimento do ladrão causaria falência nesses setores e, por conseguinte, o sentimento de falta de importância dos trabalhos a eles relacionados.

Nesse sentido, todo o trabalho tem uma função social ou já teve alguma importância para a sociedade, uma vez que se trata do local onde o indivíduo passará cerca de 30 a 35 anos ou mais da sua vida dedicando-se àquilo que possui habilidade, investindo grande parte da sua vida para executar com primor a sua função. É normal uma pessoa estudar, fazer graduação e ainda passar tempos procurando um ofício ao qual pretende se dedicar e aplicar seus conhecimentos.

Codo, Vasques-Menezes e Verdan (1999) afirmam que o sentimento de valorização é sadio para uma pessoa, dando o exemplo, no caso, de um professor de matemática que pensa não ser a sua atividade uma função social. Dessa forma, ele acaba por desvalorizar uma profissão inteira e tornar a matéria um mero compromisso burocrático para a escola e para o ano letivo, sendo que, na verdade, a matemática tem grande importância para muitas profissões. São vários os ramos e profissionais que dela se valem para exercer suas respectivas atividades, e é o professor o responsável por levar a eles o conhecimento da matéria.

Unidade 1 – A importância social e psicológica do trabalho para o homem

Claro que, com o passar do tempo, muitos serviços caíram em desuso. No entanto, outros apareceram para suprir as necessidades geradas pela evolução que acontece no mundo. Na era tecnológica em que vivemos, é comum o contato constante com ferramentas que facilitam, por exemplo, a comunicação entre as pessoas. Pode-se pensar no *e-mail* que, atualmente, substitui a carta. A correspondência por carta, certamente, ainda é um meio utilizado, todavia, não como era antigamente. Diante de exemplos como este, imagina-se que as pessoas vão se adaptando às novas necessidades. Não somente as ferramentas são modernizadas, mas cargos, atividades e funções também. Por essa razão, as pessoas buscam atividades que possibilitem a elas alcançar importância social.

Muitas atividades já se tornaram escassas ou estão acabando por causa da tecnologia. No entanto, a necessidade de trabalhar não foi, e espera-se que nunca seja, substituída pelo ócio. O homem necessita estar em movimento para sentir-se útil. A sociedade sempre necessitará de mão de obra para manter-se em desenvolvimento, seja para trabalhos complexos, que demandem altos salários, seja para atividades simples ou autônomas.

CURIOSIDADE! Algumas atividades estão fadadas à "extinção" com o avanço da tecnologia. São atividades que não dependem de habilidades criativas e sociais. A Career Cast divulgou uma lista das 10 profissões que poderão deixar de existir. O conteúdo está disponível na internet: <http://www.careercast.com/jobs-rated/most-endangered-jobs-2014>. Acesso em: jul. 2015.

Enquanto isso, a sociedade sempre necessitará de mão de obra, seja para trabalhos pesados, de grandes salários, ou simples atividades autônomas necessárias para o seu desenvolvimento.

4. A importância psicológica do trabalho

Para que uma pessoa sinta-se bem no trabalho, ela deve ter todas as situações favoráveis para a sua satisfação física e psicológica. Nesse sentido, é comum que atividades em que haja exposição a riscos ou situações de alto estresse exijam a compensação financeira por meio de acréscimo na remuneração. Esse é o caso de pessoas que trabalham como vigias noturnos, que executam atividades de necropsia, ou que atuam em ambientes hospitalares (insalubridade), bem como policiais, atendentes em postos de gasolina etc. (periculosidade).

PARA SABER MAIS! As normas regulamentadoras do Ministério Público do Trabalho e Emprego n. 15 e n. 16 trazem o rol de atividades insalubres e perigosas, respectivamente. Elas estão disponíveis no site da MPTE e podem ser acessadas no site: <http://portal.mte.gov.br/legislacao/normas-regulamentadoras-1.htm>. Acesso em: jul. 2015.

Quando a pessoa está psicologicamente equilibrada, ela consegue executar suas tarefas do dia a dia em seu trabalho e se sente satisfeita. Consequentemente, alcançará melhores resultados em sua produção. Essa questão é o que chamamos de qualidade de vida do trabalhador e muitas variáveis podem influenciar isso, como: trabalhar em um ambiente colaborativo; fácil deslocamento para chegar à sua residência e ao seu trabalho; respeito e confiança naquilo que está produzindo ou criando; e, também, uma boa remuneração.

O trabalhador deve saber de sua importância social para o trabalho e sentir-se útil ao realizá-lo. Em que pese todo trabalho possuir o seu valor, à medida que este é desconsiderado ou marginalizado, o indivíduo que o executa também é afetado. Nesse contexto, diversos problemas poderão ser identificados.

Tão importante quanto gostar da atividade que se realiza, é gostar, efetivamente, do que faz. Pessoas que não estão contentes com seus trabalhos, certamente, não executarão bem a sua tarefa e, por consequência, não se sentirão felizes, tornando-se indivíduos pouco úteis em seu meio. É comum que pessoas não se sintam bem por não terem satisfação pessoal em seu ofício. Seja porque este proporciona ambiente causador de desgaste, briga, irritação, o que gera à pessoa tremendo desconforto, seja porque nele falta algum elemento que possa proporcionar um bom convívio. Como resultado disso, identifica-se uma queda na produtividade e dificuldades nas relações pessoais.

Com o grande impacto causado pela vida agitada das atividades **laborais**, é comum o desconforto no que chamamos de qualidade de vida, e esse estresse e desequilíbrio que prejudicam o trabalhador já vêm sendo estudados há algum tempo, por conta do esgotamento físico e mental do indivíduo. Segundo Benevides-Pereira (2010), foi Freundenberger quem começou a escrever artigos acerca do fenômeno denominado *burnout*. Trata-se de um processo em que o indivíduo, desconfortável com a atividade laboral que exerce, passa a desenvolver uma condição de estresse crônica.

Alguns autores descrevem o *burnout* como uma espécie de **estresse ocupacional**, que é diferenciado do estresse comum, já que é direcionado às necessidades do trabalho (BENEVIDES-PEREIRA, 2010).

O conhecimento dessa síndrome, seja ela tratada como *burnout* ou estresse ocupacional, é o estudo das causas que podem levar os médicos a entenderem o porquê desse mal, bem como propor intervenções ou acompanhamentos psicológicos para tratamento.

Por essas razões, o trabalho deve ser algo que, além de viabilizar a garantia da subsistência, possa proporcionar bem-estar para o homem, pois o estresse do dia a dia, causado por vários fatores, pode afetar o equilíbrio psicológico e, assim, acarretar diversos problemas, até mesmo sociais.

Não trabalhar

Diante de tudo que foi exposto sobre a importância do trabalho para relações pessoais, sociais e psicológicas, além dos benefícios que o trabalho trás, apesar de haver alguns aspectos negativos relacionados que acabam com o conforto de se sentir bem, o trabalho é uma das necessidades do homem.

No entanto, como já citado, além das doenças ocupacionais que impossibilitam o trabalho, há pessoas que não executam nenhuma atividade laboral. Atualmente, cerca de 9,6 milhões de jovens, na faixa etária de 15 a 29 anos, não trabalham. Esse número representa cerca de 20% da população de jovens.

Além dos jovens, há uma parcela da sociedade que vive com uma baixa renda. No Brasil, o número de assistência social é de cerca de 14 milhões de famílias, ou seja: em 25% da população do país a renda ***per capita*** não ultrapassa meio salário mínimo.

Para que um cidadão receba ajuda do governo, ele não deve receber um salário mínimo para sustentar uma família. Há muitas famílias que não conseguem emprego e, em muitas regiões no país, não há oferta de trabalho. O auxílio fornecido pelo governo tem um caráter de incentivo, e não de dependência.

Qualquer que seja a situação em que a pessoa se encontre, é importante que se saiba que toda ocupação traz benfeitoria ao homem que, como exposto ao longo deste capítulo, colabora tanto para a autoestima quanto para as relações estabelecidas.

Para que uma pessoa possa trabalhar, deve haver incentivos e possibilidades de emprego. De forma geral, as pessoas se sentem bem em fazer o que gostam, naquilo que possua habilidade. Para tanto, faz-se necessário encontrar a sua vocação, o auxílio pertinente, a demanda para o trabalho e o respectivo incentivo.

5. Os grupos marginalizados na história do trabalho

A mulher

O trabalho, por muito tempo, foi predominante exercido pelo homem, devido ao seu gênero (masculino), enquanto cabia à mulher cuidar da casa e dos filhos.

O mercado de trabalho, quando começou a apresentar lucros, teve a preocupação de aumentar a sua lucratividade. O trabalhador e as condições a ele oferecidas para a execução do ofício não faziam parte da preocupação do empregador. Por essa razão, em um mercado bastante capitalista, apenas os mais preparados e com condições ideais eram considerados boa mão de obra. Aqueles que não se inseriam nessas condições, eram marginalizados.

Em um primeiro momento, a primeira comparação que pode ser feita relaciona-se ao gênero. As diferenças entre o homem e a mulher no mercado de trabalho datam de muito tempo. Mas não eram apenas as mulheres que pertenciam ao grupo dos mais fracos. Outros grupos minoritários, como negros e pessoas com deficiência, também faziam parte daquele conjunto.

De forma geral, mas não universal, nas diversas sociedades houve tratamentos diferentes dispensados a homens e a mulheres. Desde a pré-história, algumas atividades foram atribuídas para as mulheres, e outras aos homens. Usualmente, os homens trabalhavam em esferas públicas e as mulheres estavam vinculadas à família e ao trabalho doméstico (SILVEIRA, 2009).

A mulher era considerada "sexo frágil" e, na antiguidade, foi subjugada ao homem, permanecendo um grau abaixo deste. Não raro, recebiam o mesmo tratamento dos escravos e das crianças.

Com a revolução industrial e o crescimento da burguesia, a indústria começou a precisar de mais mão de obra e, assim, foram abertas oportunidades a fim de que as mulheres pudessem trabalhar, realizando atividades além daquelas que eram meramente domésticas.

A oportunidade de poder ingressar no mercado de trabalho, entre os séculos XIX e XX, foi considerada uma vitória dos grupos **feministas**, tendo sido equiparado tal acesso a um movimento político.

Uma primeira luta das mulheres pela igualdade de direitos foi o pedido de direito ao voto, já que sempre foram "excluídas" da política, sempre sob o domínio masculino. O período que abrange o ingresso das mulheres nas indústrias têxteis corresponde a uma época em que elas se submetiam a baixos salários, realizando até 12 horas de trabalho por dia, seis dias na semana (BLAY, 2001).

Durante esse período, em muitos lugares do mundo, percebia-se uma imensa insatisfação com o trabalho. Eclodiu, por isso, um movimento operário em busca da conscientização e do respeito ao trabalho feminino.

Blay (2001), em seu artigo, fundamenta que a história da luta das mulheres se equipara ao movimento operário por melhores salários e condições de trabalho, já que as fábricas trancavam seus operários,

impedindo-os de ir ao banheiro e de realizar o descanso a que tinham direito. Nesse período, o movimento feminista se fortaleceu com pedidos de greves gerais em busca de melhorias das condições de trabalho.

A autora cita que, por essas condições de trabalho a que os operários estavam sujeitos, no dia 25 de março de 1911, houve um incêndio em uma fábrica de tecidos e, como o local estava lacrado, muitos não conseguiram fugir. Nesse episódio, cerca de 146 trabalhadores, entre eles 126 mulheres, foram mortos (BLAY, 2001).

Muitos fazem referência a esse acontecimento para relacioná-lo ao dia Internacional da Mulher. No entanto, a data não foi o principal indicativo e ganho por direito da data. O incêndio colaborou para melhorias no trabalho de operários, inclusive para as mulheres, que estavam em um grande momento com o movimento feminista. A data foi escolhida devido às constantes lutas travadas em prol de melhorias (BLAY, 2001).

A luta das mulheres continuou e o movimento **sufragista**, no século XX, alcançou o voto feminino em vários países da Europa, na América Latina e nos Estados Unidos.

Com a Segunda Guerra Mundial, muitos homens foram envolvidos no conflito e milhares de mulheres ocuparam seus postos de serviços nas indústrias nos principais países envolvidos. A presença de mulheres no mercado de trabalho mudou o perfil da classe trabalhadora e desencadeou importantes mudanças de comportamento e de valores (SILVEIRA, 2009).

Após esse período, os homens quiseram retornar ao seu posto, no entanto, o feminismo estava em alta e as mulheres começaram a ganhar ainda mais espaço, não somente em fábricas têxteis, mas em outros ramos e locais que antes eram destinados aos homens.

Na década de 1960, outros movimentos de contestação às diferenças sociais tiveram efeito. As mulheres seguiam lutando contra a **subalternidade** e a exclusão do poder, pleiteando a autonomia de direitos. Na mesma época, a pílula anticoncepcional revolucionou os costumes e a liberação sexual (SILVEIRA, 2009).

Segundo a autora citada, o movimento feminista ganhou as ruas e a mobilização atingiu vulto internacional. Desde o ano de 1975, várias conferências mundiais foram promovidas, resultando em um avanço ainda maior por parte das mulheres em espaços até então não acessíveis a elas (SILVEIRA, 2009).

Nesse sentido, a mulher conseguiu se firmar como cidadã e, garantindo direitos dentro da sociedade, começou a assumir papéis profissionais importantes, respondendo por cargos e funções tão importantes quanto as exercidas pelos homens, bem como perante a família, ante a sua importante figura no seio dessa instituição.

O negro

Ainda no cenário do qual faziam parte aqueles considerados integrantes das minorias, os negros ingressaram no Brasil como escravos, conforme apresentamos no começo desta unidade. Já há muito tempo, na África, existia a escravidão. Os portugueses, segundo Pinsky (2010), iniciaram a "captura" de negros a partir de 1441, quando estavam com a sua população desfalcada

pela guerra. Eles foram escravizados e trazidos ao Brasil para servirem como trabalhadores compulsórios aos senhores que aqui dominaram as terras.

Em linhas gerais, o Brasil foi o país que trouxe mais escravos e um dos últimos a abolir a escravidão. De 1888 para cá, o negro luta para alcançar os seus direitos e se inserir na sociedade, como um homem comum. Todavia, esta não tem sido uma tarefa fácil.

Com a abolição da escravidão, a relação política entre brancos e negros foi marcada por três processos principais: no primeiro, o país não deixou de adotar a legislação de segregação **étnico-racial**, não ocorrendo a definição legal do pertencimento racial; no segundo, o país não desenvolveu a política específica de integração dos negros, o que fortaleceu as bases históricas do processo de desigualdade que perdura até hoje; e no terceiro, o país incentivou a imigração europeia, favorecendo o "branqueamento" da população (SILVA; ROSEMBERG, 2008).

Segundo os referidos autores, com o incentivo da imigração de europeus para o Brasil, houve grande segregação racial. Os negros foram marginalizados, enquanto os europeus que aqui chegavam eram beneficiados com privilégios, como preferência nas oportunidades de trabalho.

Com a disparidade entre brancos e negros, surge uma desigualdade histórica no país, pois a população negra, então marginalizada, não conseguia emprego. Os europeus passaram a ocupar as vagas de trabalho, não restando oportunidades para a população negra.

Sem acesso ao trabalho, os negros não tinham acesso aos estudos, comparados aos brancos. Era notória a desigualdade social, pois o acesso às universidades era quase que exclusivo do branco (SILVA; ROSEMBERG, 2008).

A palavra **racismo**, no país, só ficou conhecida a partir do ano de 1970. Antes disso, em 1940, foram feitas leis contra a **xenofobia** a fim de tentar acabar com o preconceito instalado no país. No ano de 1951, a Lei Afonso Arinos incluiu como contravenção penal a prática do preconceito contra a "cor e a raça" (SILVA; ROSEMBERG, 2008).

Somente com a Constituição de 1988, 100 anos depois da abolição dos escravos, o racismo passou a ser considerado crime inafiançável. A partir daí, a luta se intensificou e iniciaram-se serviços especializados para receber denúncias contra delitos de intolerância racial.

A importância de se tratar da questão da segregação racial contra o negro é para que se possa perceber que a marginalização e a falta de emprego para esse grupo contribuiu para que eles fossem excluídos do mercado profissional.

Atualmente, ainda se constatam manifestações discriminatórias contra pessoas negras, o que dificulta o acesso a bons empregos, existindo, ainda nos dias de hoje, uma grande luta para podar essa prática.

Quando o presidente dos Estados Unidos da América (EUA) ganhou as eleições, foi possível ver estampada em todos os jornais a notícia: "Primeiro presidente negro dos EUA". Um dos tantos passos a serem dados diante de uma luta em que ainda há muito que se conquistar.

No Brasil, o incentivo para os negros está representado por meio das cotas para negros, da inclusão de disciplinas com o tema racismo em algumas das universidades públicas do país, além da discussão sobre o assunto pelas redes sociais e mídia.

Silva e Rosemberg (2008) levantam alguns estudos em que afirmam que, nos últimos 30 anos, a exposição da pessoa negra cresceu. Todavia, ainda não se equipara à visibilidade destinada aos brancos. Como exemplo, podem ser lembradas as profissões de atriz e ator nas quais, em linhas gerais, é comum observar que o papel do negro ainda está destinado ao empregado doméstico, ao morador pobre da favela e, quase nunca, é possível apreciá-los representando protagonistas, sendo raros os casos em que isso ocorre.

Assim como a luta das mulheres, a luta das pessoas negras para acesso ao trabalho não terminou. A luta pela igualdade é um tema bastante discutido e, nessa história, a mulher negra carrega dois fardos: o seu gênero e a sua raça.

O portador de deficiência

Fechando o grupo daqueles que compõem os chamados "marginalizados", está a pessoa com deficiência. Nesse conjunto, estão homens e mulheres, negros e brancos.

Como já citado, as pessoas com deficiência, em sua trajetória, foram rejeitadas e muitos morriam após o nascimento. Quando percebida a existência de deficiência, ou o indivíduo morria pela falta de condições e assistência necessárias, ou era morto, uma vez que representava um fardo.

Somente na Idade Média, com a influência do Cristianismo, é que as pessoas com deficiência puderam ser alvo de alguma consideração para que pudessem realizar um trabalho. Contudo, somente a partir de 1700 é que foi possível encontrar registros de trabalhos de pessoas com deficiência.

No ano de 1789, foi fundado o Instituto Nacional dos Jovens Cegos, por Valentin Hauy, em Paris. Esse instituto recebeu Louis **Braille**, que havia sofrido um acidente doméstico e perdido a visão. No período em que ficou lá foi considerado um aluno brilhante e adaptou o material utilizado em guerra, transformando-o em um sistema de pontos, conhecido, atualmente, por Braille.

Nesse período, não apenas as pessoas cegas começaram a sair da marginalização em que estavam, mas várias pessoas com diversas deficiências começaram a ter atendimento, como as pessoas surdas.

No Brasil, no ano de 1835, ocorreu a primeira tentativa de se criar uma legislação para as pessoas com deficiência:

"Art. 1º – Na Capital do Império, como nos principais lugares de cada Província, será criada uma classe para surdos-mudos e para cegos."

A autoria é do deputado Cornélio Ferreira França, cuja motivação é desconhecida.

No século XIX, com as guerras civis, era comum que muitos marinheiros e fuzileiros navais retornassem com alguma deficiência física e, por isso, iniciou-se o plano de garantias para esses combatentes de guerra.

No ano de 1948, com a Declaração dos Direitos Humanos, o direito ao trabalho foi devidamente reconhecido. O art 23, no inciso I, diz:

"Toda pessoa tem direito ao trabalho, à livre escolha do seu trabalho, à condição equitativa e satisfatória no trabalho e à proteção contra o desemprego." (Organização das Nações Unidas, 1948).

No entanto, o alcance do trabalho para as pessoas com deficiência só foi possível no século XX, com a proposta da "Lei de Cotas", em que a legislação estabeleceu a obrigatoriedade de as empresas que contassem com mais de cem empregados preencher uma parcela de suas vagas com pessoas portadoras de deficiência, em cumprimento ao art. 93, da Lei n. 8.213/91 (BRASIL, 1991).

A Lei prevê a seguinte proporção, com base na quantidade de empregados que contar a empresa (BRASIL, 1991):

I – de 100 a 200 empregados 2%

II – de 201 a 500 .... 3%

III – de 501 a 1.000 .... 4%

IV – de 1.001 em diante 5%

Somente a partir da lei é que, de fato, as pessoas com deficiência conseguiram ter acesso ao trabalho. Ainda no Brasil, duas normas internacionais auxiliaram o acesso da pessoa com deficiência ao trabalho: a Convenção n. 159/83, da OIT, e a Convenção Interamericana para a Eliminação de todas as Formas de Discriminação contra as Pessoas com Deficiência, ou Convenção da Guatemala, Decreto n. 3.956, de 8 de outubro de 2001.

No entanto, Silva e Berwig (2014) lembram que poucas eram as empresas que se adaptavam ao trabalhador, pois era sempre o empregado que deveria se adaptar à empresa. Com isso, a inclusão da pessoa com deficiência no mundo do trabalho ficou prejudicada.

Somente com a elaboração de leis foi possível garantir o acesso de pessoas com deficiência e, assim, possibilitar a entrada delas no mercado de trabalho e viabilizar a inclusão na sociedade.

Silva e Berwig (2014) ressaltam que os benefícios da contratação da pessoa com deficiência pode ser percebido no dia a dia, afinal, possibilitam que elas possam participar ativamente da vida social, culta e moderna da sociedade, causando-lhes satisfação como seres humanos.

Os autores ainda enfatizam que, para a admissão de uma pessoa com deficiência, deve-se observar, além das suas habilidades, os acessos que a elas serão facilitados para a execução das tarefas. Ou seja, não é indicado que o indivíduo apenas preencha a vaga disponibilizada nas leis de cotas. É importante que ela esteja assegurada em um local em

Unidade 1 – A importância social e psicológica do trabalho para o homem

que saberá e poderá trabalhar, dentro de uma infraestrutura adequada para recepcioná-la, e que haja a formação para o trabalho.

Para ser possível o acesso da pessoa com deficiência ao trabalho, a escola tem um papel muito importante, afinal, é por meio da formação que uma pessoa consegue se especializar para determinado ofício.

Por isso, promover a igualdade no trabalho requer a conscientização de que o aprendizado inicia-se somente na escola, e que esta oportuniza às pessoas a formação acadêmica necessária para o alcance de melhores posições no trabalho.

6. Conclusão

Esperamos que você tenha gostado da leitura e que tenha conhecido e compreendido um pouco mais a história do trabalho, que sempre esteve presente na vida do homem, como se pôde perceber. Na verdade, o trabalho viabiliza o bem-estar do indivíduo, sendo de suma importância para as relações sociais e pessoais.

Hoje em dia, diferentemente de épocas distantes, as pessoas não trabalham apenas para a sobrevivência, exercendo no trabalho uma função que traz *status* e muitas possibilidades de relações. Por essa razão, é saudável e importante que todos tenham o direito de trabalhar.

Como vocês puderam perceber, para chegarmos ao trabalho relativo à pessoa com deficiência, percorremos um longo caminho.

Foi necessário introduzirmos e contextualizarmos toda essa relação para que pudéssemos compreender que os direitos do trabalho da pessoa com deficiência foi uma luta muito recente. Aliás, não apenas a pessoa com deficiência foi marginalizada quanto à mão de obra no mercado de trabalho, mas mulheres e negros também.

Atualmente, existem leis que garantem o acesso desses grupos ao trabalho e, como foi exposto, o estudo é uma ferramenta importante para que se consiga alcançar melhores oportunidades.

Por meio do conhecimento, a profissionalização da pessoa, seja ela portadora de deficiência ou não, é possível.

Glossário – Unidade 1

Braille – sistema de escrita com pontos em relevo que as pessoas com deficiência visual podem ler por meio do tato e que também lhes permite escrever.

Capitalismo – sistema econômico baseado em bens privados de comércio e indústria, com o objetivo de adquirir o lucro. O capital é de empresas, indústrias ou indivíduos que contratam mão de obra em troca de salário.

Código de Hamurabi – conjunto de leis criadas na Mesopotâmia, por volta do século XVIII a.C, pelo rei Hamurabi, baseado na lei de talião "olho por olho, dente por dente".

Estresse ocupacional – conjunto de perturbações ou instabilidade psíquica e orgânica provocada por diversos estímulos físicos e emocionais, decorrentes de exigências do trabalho (ambiente, condições, remuneração, assédio, entre outros).

Étnico-racial – grupo de pessoas que se identificam umas com as outras, ou são identificadas por terceiros, com base em suas semelhanças culturais, biológicas ou ambas.

Feminista – relativo ao feminismo, que é uma doutrina que preconiza a equiparação dos direitos das mulheres na sociedade.

Laborais – relativo às atividades de trabalho.

Per capita – por ou para cada indivíduo.

Primitivo – o primeiro a existir, a origem, o inicial. Contemporâneo dos primeiros tempos de uma civilização, ancestral.

Racismo – conjunto de teorias e crenças que estabelecem hierarquia entre as raças e etnias.

Subalternidade – condição ou situação de subalterno, que é o estado ou sensação de dependência ou inferioridade, subordinação.

Sufragista – relativo a sufrágio, que é o processo de escolha por votação ou eleição.

Xenofobia – temor ou antipatia por pessoas diferentes, incomuns ou que vêm de fora do país.

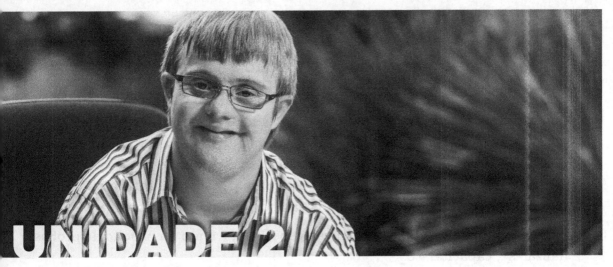

UNIDADE 2
A DEFINIÇÃO DA PROFISSIONALIZAÇÃO

Capítulo 1 Conceito de profissionalização, 28

Capítulo 2 Profissionalização: origem e relação com o ensino, 30

Capítulo 3 Registro da profissão, 33

Capítulo 4 História do ensino e da profissionalização da pessoa com deficiência, 34

Capítulo 5 Situação atual do acesso à profissionalização da pessoa com deficiência, 37

Capítulo 6 Expectativas da profissionalização e inclusão das pessoas com deficiência, 40

Glossário, 41

1. Conceito de profissionalização

Para a pessoa com deficiência, a profissionalização é um direito que, a cada dia, vem sendo conquistado. Ao longo desta leitura será possível constatar que o processo de profissionalização está intimamente ligado à formação. Apesar de ainda não estar totalmente garantido, o acesso à educação da pessoa com deficiência é de extrema importância para que ela consiga garantir a sua inserção no mercado de trabalho através de uma oportunidade de emprego.

Profissionalização, em sua definição específica, é o ato ou o efeito de profissionalizar-se, capacitar-se.

Profissionalizar significa tornar-se ou formar-se um profissional; aperfeiçoar; habilitar ou capacitar.

Por sua vez, o **profissional** é aquele que tem uma profissão e, finalmente, a **profissão** é o trabalho que uma pessoa exerce com o objetivo de obter recursos necessários para a sua existência. Trata-se de uma ocupação, de um ofício.

A palavra profissão tem **etimologia** latina – *professio, ōnis* –, que nada mais é do que a ação de declarar, de professar, de ensinar.

A palavra profissão é semelhante à palavra professor, porque ambas tem a mesma raiz etimológica. Logo, professor é aquele que **professa**, o que ensina uma profissão.

A primeira profissão do mundo foi a de professor. No entanto, atualmente, as palavras são utilizadas de forma distinta e separadas e quase não há relação entre uma e outra. Mas, se pararmos para pensar, toda profissão precisa de um professor. Por esta razão, para profissionalizar-se em algo, é necessária a figura do professor. Só assim é possível a profissionalização, isto é, ser capacitado para exercer alguma função.

A capacitação remete ao ato de se tornar hábil e ampliar as competências. Desta forma, defenderemos a concepção de que, para que uma pessoa se profissionalize, é importante que ela adquira a formação e a capacitação.

Não está errado entender, outrossim, que a profissionalização é a capacitação de um indivíduo para determinadas funções, ou seja, que ele tenha o conhecimento necessário para executar bem uma tarefa e poder ser, assim, um profissional de determinada área.

Em nosso país, existem organizações de profissões regulamentadas por lei e atividades que são fiscalizadas pelo Ministério do Trabalho e Emprego. Em algumas situações, além da formação, é necessário que a profissão escolhida pelo indivíduo seja regulamentada, isto é, seja categorizada como profissão, submetendo-se a algum conselho ou entidade de classe, bem como a um sindicato.

Assim como também há a **ética** profissional em todas as profissões regulamentadas no país, um profissional bem capacitado e com boa formação tem a competência de saber o que deve ser feito, resguardando o princípio do seu ofício.

Sobre a **autonomia** do profissional, assim como nos Estados Unidos, no Brasil, o profissional tem a liberdade de comandar suas tarefas. No entanto, ele carrega a responsabilidade de assumir os riscos e erros que acontecerem no exercício da atividade. Um valioso exemplo são os erros médicos. Outro bom paradigma são os engenheiros que, em suas obras, são os responsáveis pela construção, bem como pelos eventuais acontecimentos advindos de um problema estrutural, por exemplo. Não diferente, os professores também são responsáveis e, por isso, são diariamente cobrados pelos pais e gestores para que os resultados esperados na formação dos alunos sejam alcançados.

Nesse sentido, todo profissional tem autonomia para exercer suas funções, como também tem a responsabilidade pelos atos que praticar. Com isso, tem-se a noção de que a profissionalização está além do trabalho, pois ela não se limita apenas ao exercício de uma atividade para determinado fim. A profissionalização capacita o trabalhador ainda mais para que ele seja um profissional detentor de conhecimentos específicos, tornando-se experiente naquilo que faz.

2. Profissionalização: origem e relação com o ensino

A profissionalização está diretamente ligada à profissão de professor. Por essa razão, alguns autores relacionam a importância do trabalho da docência e a profissionalização. É válido lembrar que, apesar dessa relação ser tão próxima, segundo Tardif (2013), a idade da profissão em si não se limita apenas à idade do ensino, mesmo que grande parte da história da profissionalização esteja ligada à formação em universidades.

Como já se discutiu na Unidade 1, desde que o homem é homem, trabalho e homem estão relacionados. O homem sempre teve a necessidade de trabalhar por diversos motivos e, por muito tempo, ele soube desenvolver determinadas funções de forma específica sem a necessidade exata da formação em universidade. Por essa razão, a profissionalização não tem, necessariamente, a idade do ensino.

Com o avanço da tecnologia, inovações da ciência, entre outras necessidades do ser humano, é primordial para o homem a capacitação para o trabalho. Logo, a formação e o ensino tornaram-se essenciais para a profissionalização a fim de que as possibilidades de ingresso aos postos de trabalho se ampliassem cada vez mais.

Para podermos entender como surge a necessidade da formação profissional, vamos conhecer um pouco da história de Comênio (1592-1670), pensador tcheco, considerado o primeiro grande nome da história da educação.

Este pensador foi autor de uma obra muito importante para a sistematização da pedagogia e da **didática**, dedicando boa parte da sua vida para concretizar o livro "Didactica Magna".

O livro de Comênio traz diversas ações educativas para o professor, perpassando por teorias até práticas do cotidiano da sala de aula pertinentes às relações do professor e aluno. A partir daí, o professor passa a ser visto como um profissional, e não mais como um **missionário**, sendo remunerado por seu trabalho.

Nos séculos XVIII e XIX, com a Revolução Industrial, a formação para o trabalho passa a ser um dos objetivos da escola, em vez de apenas alfabetizar. As escolas passaram a se preocupar com a capacitação do homem que, a partir daquele período, deveria estar preparado para lidar com as máquinas.

Com toda a transformação tecnológica, o homem foi conduzido ao necessário aprendizado a fim de que pudesse manusear novas ferramentas, máquinas a vapor e maquinário industrial. Para tanto, passou a ser importante a profissionalização. No caso específico do Brasil, o processo de industrialização se intensificou a partir de 1930, quando surgiram diversas ocupações e trabalhos no país. Houve um grande aumento de produtividade.

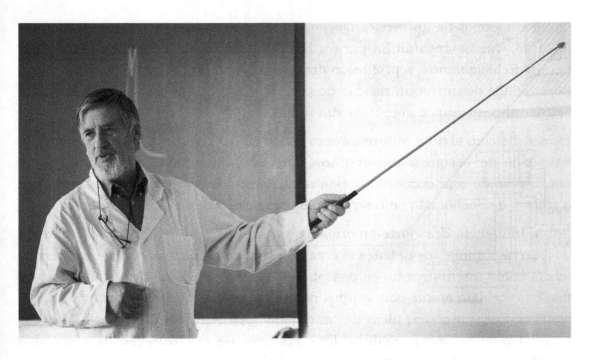

Ainda no século XIX, surgiu a diferenciação entre profissionais com elevado grau de conhecimento de trabalhadores comuns. Por isso, a "profissão" passou a ser considerada uma classe ou categoria especial de ocupações existentes.

Devido à necessidade de formação, a profissionalização foi uma necessidade dos trabalhadores. Os professores eram os principais responsáveis para formação e capacitação dessas pessoas que, segundo Ginsburg (1990, p. 335): "A profissionalização é processo através do qual os trabalhadores melhoram o seu estatuto, elevam o seu rendimento e aumentam o seu poder/autonomia".

Tardiff (2013) observa que, ao longo do século XX, houve um crescimento de grupos especialistas, que chamamos de profissionais de todas as áreas. Cada vez mais, estes profissionais estão envolvidos com gestão de instituições, práticas e problemas humanos e sociais. Esses grupos controlam o conhecimento teórico e prático necessários para algumas decisões concernentes ao serviço. A existência destes profissionais capacitados é devido ao desenvolvimento de universidades modernas, a partir do século XIX, que tiveram a missão de formar mais profissionais cuja prática baseia-se em conhecimentos derivados da pesquisa científica. A profissionalização, de certa forma, está intimamente ligada à **"universitarização"**, até mesmo para o ensino.

Segundo o referido autor, na América do Norte, a universitarização da formação dos professores começou nos anos de 1930 e 1940, quando foram abolidas as escolas normais. Conclui-se, nos anos de 1960, a universitarização da formação dos professores que atravessa todo o século XX.

Quando falamos de universitarização, referimo-nos a um elevado nível na qualificação, que se encaminha para a profissionalização: falamos do ensino superior. Relacionamos a profissionalização à formação superior e, por isso, à necessidade de universitarização de professores a fim de que eles aprofundem seus conhecimentos e dominem sua função.

De acordo com alguns autores, como Tardif (2013), a universitarização é a necessidade da pesquisa universitária, que está altamente relacionada com a construção do conhecimento, e esta relação com o conhecimento é exatamente a troca e a criação, não se restringindo apenas à transmissão.

Sob a influência dos norte-americanos e, também, dos europeus, a partir da 2ª Guerra Mundial, os debates acerca do conceito de profissão foram reabertos, assim como a tentativa de se descobrir o motivo pelo qual determinadas profissões recebiam *status* com grupos de profissionais que, aparentemente, apresentavam algum poder, além de conquistas mediante atividades políticas, dos quais o próprio Estado detinha forte controle na estruturação da respectiva atividade e do referido ensino superior.

A profissionalização tornou-se um forte mercado para a formação. É comum observar a busca das empresas pelos melhores profissionais – o que caracteriza uma busca pela melhor formação –, e, em contrapartida, constatar que as próprias companhias oferecem a capacitação para tornar o trabalhador um bom profissional.

A profissionalização tornou-se um *status* para o homem. O profissional deixou de ser apenas aquele que sabe empenhar uma função para tornar-se um perito em determinada função.

Com o crescimento da população, que cada vez mais vêm tendo acesso às universidades que lhe garanta uma profissão, Romanowski (2012) expõe que a necessidade da profissionalização acompanhar a evolução tecnológica é um paradoxo para o homem, pois com todas as descobertas, as possibilidades de extensão dos anos de vida e o capitalismo vêm causando danos aos recursos naturais, alterando-os de forma considerável, afinal, há a necessidade de se produzir em grande escala. Com a necessidade de maior produção, é imprescindível a contratação de profissionais. Com isso, surgem mais instituições de formação.

A demanda por formação torna-se desenfreada, pois a quantidade de pessoas se formando e em busca de melhores condições de trabalho é maior do que as universidades comportam. Com isso, surgem cada vez mais locais que ofertam formação e qualificação profissional.

Para que uma pessoa se torne um bom profissional é necessária a formação ou capacitação de qualidade, e isso vai além do curso de formação. É necessário que a profissão seja devidamente regulamentada e que o curso superior ou de capacitação forme um profissional que saiba lidar com as peculiaridades da função a fim de que possa atuar com autonomia e responsabilidade.

Para que se possa ser um bom profissional é importante:

a) **possuir uma escolarização inicial de qualidade**: o aluno deve ter acesso aos conteúdos escolares de qualidade;

b) **deve ter acesso à universidade ou cursos a profissionalizantes**: para ser um profissional, o estudante, após passar os anos de escolarização, deve ter acesso ao ensino superior, que é o que lhe garante a formação profissional, seja em cursos universitários ou cursos profissionalizantes;

c) **deverá ser ensinado por professores qualificados**: e por último, e tão importante quanto os demais, a necessidade de ter um professor qualificado para ensinar. Desde a formação inicial, o professor é primordial para o aluno, e no ensino superior é ele quem forma o cidadão para que este se torne um profissional.

O conhecimento científico é o que forma bons profissionais. A formação e a pesquisa são importantes para a profissionalização, o que nos leva a enfatizar que professores são os especialistas da pedagogia e da aprendizagem (TARDIF, 2013).

Muitas profissões ainda buscam por regulamentações. Outras, ainda engatinham no campo científico.

Para que um profissional consiga alcançar *status* naquilo que faz é necessário estudar e que sua profissão esteja regulamentada.

3. Registro da profissão

No Brasil, para que haja uma profissão e seja possível a profissionalização, tem de haver a regulamentação na legislação trabalhista. Podemos citar dois importantes exemplos para que uma profissão se regulamente:

1º – deve haver a existência de uma qualificação profissional;

2º – é de extrema importância que haja o interesse massivo por esta qualificação, logo, da profissionalização.

Quando é regulamentada alguma profissão, o profissional, além do diploma, deverá possuir o registro do profissional. Algumas profissões, como Arquivista e Técnico de Arquivo; Artista e Técnico em Espetáculos de Diversão; Atuário; Guardador e Lavador de Veículos Autônomo; Jornalista; Publicitário e Agenciador de Propaganda; Radialista; Secretário e Técnico em Secretariado; Sociólogo; e Técnico de Segurança do Trabalho exigem o registro profissional.

Para obter o registro de profissional é importante possuir documentos que dão direito ao registro, e estes variam de acordo com as legislações das categorias. As formas de capacitação mais conhecidas são: curso superior; curso técnico de nível médio; atestados sindicais; e comprovações estabelecidas em lei específica.

Somente em alguns casos particulares, em que a atividade profissional era exercida anteriormente à regulamentação de alguma categoria, é possível buscar pelo registro profissional sem a necessidade de formação específica. No entanto, é necessário algumas comprovações. Nestes casos, a pessoa que deseja se tornar um profissional deverá consultar as leis que regem a categoria do seu serviço.

Toda regulamentação resguarda o direito do profissional.

> *PARA SABER MAIS! Caso queira se informar mais sobre o registro profissional, acesse o site do Ministério do Trabalho e Emprego: <http://portal.mte.gov. br/portal-mte/>. Na seção "perguntas frequentes", você poderá esclarecer muitas dúvidas.*

4. História do ensino e da profissionalização da pessoa com deficiência

A primeira ação governamental no Brasil para a educação foi entre os anos de 1854 e 1857, quando foi criado o Instituto Benjamin Constant e o Instituto Nacional para Surdos.

Com o fim do Império e com a proclamação da República, começa a organização de escolas para as pessoas com deficiência nos estados do Rio de Janeiro, São Paulo e Rio Grande do Sul, mas ainda de uma maneira muito tímida. Essas escolas eram voltadas ao atendimento apenas das pessoas com cegueira e com surdez. O atendimento, mesmo que institucional, às pessoas com deficiência intelectual, não se constituía como preocupação até aquele momento. Contudo, a partir de 1920, aumentou consideravelmente o número de instituições para as pessoas com deficiência intelectual, e isso se deu devido à vinculação da educação voltada a esse grupo com o campo médico (JANNUZZI, 2006).

No final dos anos 1920 surgiu o discurso sobre a organização de escolas para as pessoas portadoras de necessidades especiais. Essas escolas agregavam equipes multidisciplinares formadas por médicos, psicólogos e professores, que foram criando um campo para a reflexão e a efetivação de uma ação pedagógica (JANNUZZI, 2006).

Por convite do governo mineiro, a psicóloga e pedagoga russa Helena Antipoff (1892-1974) veio ao Brasil, em 1929, para lecionar e fundar uma escola de aperfeiçoamento pedagógico que pudesse aplicar seus conhecimentos. Com sua contribuição no trabalho educacional do estado mineiro, foi criada, em 1932, a Sociedade Pestalozzi, para atender crianças e pais de crianças com deficiência.

Em 1946, devido às atrocidades da 2ª Guerra Mundial, foi redigida a Declaração dos Direitos Humanos, que seria um Tratado de Convenção Internacional. A primeira etapa foi concluída em 1948, com o projeto de Declaração Universal dos Direitos Humanos. Para a pessoa com deficiência, a relevância desta declaração foi apresentada no artigo 23, sobre a importância do trabalho (ONU, 1948).

> "Toda pessoa tem direito ao trabalho, à livre escolha de emprego, a condições justas e favoráveis de trabalho e à proteção contra o desemprego.
> Toda pessoa, sem qualquer distinção, tem direito a igual remuneração por igual trabalho.
> Toda pessoa que trabalha tem direito a uma remuneração justa e satisfatória, que lhe assegure, assim como à sua família, uma existência compatível com a dignidade humana, e a que se acrescentarão, se necessário, outros meios de proteção social.
> Toda pessoa tem direito a organizar sindicatos e a neles ingressar para a proteção de seus interesses."

Sobre os estabelecimentos de ensino para pessoas com deficiência, após a Pestalozzi, até o ano de 1950, havia, no Brasil, 54 estabelecimentos de ensino regular para pessoas com deficiência (50 escolas públicas e quatro particulares) e 11 instituições especiais (quatro públicas e sete particulares) (MAZZOTTA, 1990; 2005).

A partir de 1958, o Ministério da Educação (MEC), começou a dar assistência técnica e financeira para as Secretarias de Educação e as instituições especializadas, com campanhas nacionais para a educação da pessoa com deficiência: Campanha para Educação do Surdo Brasileiro (CESB), em 1957; Campanha Nacional de Educação e Reabilitação dos Deficitários Visuais (CNERDV), em 1958; Campanha Nacional de Educação do Deficiente Mental (CADEME), em 1960 (MAZZOTTA, 2005).

No ano de 1961, foi promulgada a Lei de Diretrizes e Bases, um marco nas ações de inclusão na política. Essa lei criou o Conselho Federal de Educação, e nela apareceu a expressão "educação de excepcionais" contemplada em dois artigos (88 e 89).

Na década de 1970, começou a ser considerada a institucionalização da Educação Especial, com o aumento do número de textos legislativos, associações, estabelecimentos, financiamentos e envolvimentos de instâncias públicas tratando de questões da educação especial (MENDES, 2010).

No ano de 1973, a Educação Especial foi considerada prioridade no I Plano Setorial de Educação e Cultura (1972-1974). Com isso, surgiu o Decreto n. 72.425, de 3 de julho de 1973, que criou o Centro Nacional de Educação Especial (Cenesp), em parceria com o Ministério da Educação.

No ano de 1988, no Brasil, a Constituição Federal estabeleceu o direito das pessoas com necessidades especiais de receberem a educação preferencialmente na rede regular de ensino (art. 208, III). Desta forma, veio a ser reconhecido e garantido que o direito à educação comum e de receber essa educação, sempre que possível, junto com pessoas é direito de todos.

Sobre o trabalho, na Constituição de 1988, já era prevista a legislação específica para a pessoa com deficiência, conforme disposto no artigo 7º, inciso XXXI: "(...) proibição de qualquer discriminação no tocante a salário e critérios de admissão do trabalhador portador de deficiência"; em seu artigo 37, a lei estabelecia, no inciso VIII: "a lei reservará percentual dos cargos e empregos públicos para as pessoas portadoras de deficiência e definirá os critérios de sua admissão".

No entanto, apesar de, desde 1988, estar prevista a necessidade de garantir o direito da pessoa com deficiência no trabalho, apenas em 24 de julho de 1991 é que foi criada a Lei de Cotas – Lei n. 8.213/1991, que, em seu artigo 93 impôs às empresas com 100 ou mais funcionários a obrigação de preencher de 2 a 5% dos seus cargos com pessoas portadoras de deficiência e reabilitadas, de acordo com a proporção do número total de funcionários, como já estudado na Unidade 1.

No ano de 1996, a Lei de Diretrizes e Bases do Ensino Nacional (LDBEN) n. 9.394/96 veio atualizar os dispositivos que a Constituição de 1988 dirigia aos indivíduos com deficiências. O capítulo V, da referida lei, estabelece que a Educação Especial deve ser oferecida preferencialmente na rede regular de ensino para educandos com Necessidades Educacionais Especiais (NEE), esclarecendo que haverá, na escola, quando necessário, o serviço especializado destinado a este público.

Em 2007, a Convenção sobre os Direitos da Pessoa com Deficiência apresentou um artigo voltado somente para o emprego e trabalho para a pessoa com deficiência, além de enfatizar, no artigo 24, a necessidade de educação para a pessoa com deficiência, assegurando o acesso à educação para essas pessoas, em todos os níveis, sem exclusão.

No ano de 2012 foi lançado o Censo 2010. Com ele é possível acompanhar o quantitativo de pessoas portadoras de deficiência com acesso ao trabalho.

Segundo o Censo de 2010, a participação da pessoa com algum tipo de necessidade especial ainda é baixa se comparada às pessoas sem deficiência, pois do total de 86,4 milhões de pessoas, de 10 anos ou mais, ocupadas, 20,4 milhões eram pessoas com deficiência (CENSO DEMOGRÁFICO 2010, 2012). Os últimos dados lançados no país sobre a estatística atual sobre a pessoa com deficiência foi o censo de 2010.

5. Situação atual do acesso à profissionalização da pessoa com deficiência

Historicamente, a pessoa portadora de deficiência tem tentado o ingresso ao mercado profissional. Ainda hoje, mesmo com a grande quantidade de legislações que asseguram os direitos das pessoas com deficiência, é necessário que haja uma boa fiscalização a fim de que as regras sejam devidamente cumpridas.

O avanço da tecnologia possibilitou a oferta de diversos campos e postos de trabalho. No entanto, a população aumentou e a busca por emprego também. Por esta razão, como qualquer outro indivíduo, a pessoa portadora de deficiência enfrenta dificuldades de inserção nos postos de trabalho, ficando à mercê de atividades informais, submetendo-se a baixo salários, elevadas horas de serviços, restrições à qualidade de vida, entre outras questões negativas.

Segundo o censo de 2010, no que diz respeito ao acesso à educação das pessoas com deficiência, em geral, 14,2% possuíam o fundamental completo; 17,7%, o médio completo; e 6,7% possuíam superior completo. A proporção denominada "não determinada" foi igual a 0,4%.

Ainda em 2010, grande parte da população com deficiência não tinha instrução e ensino fundamental completo, o que representava 61,1% das pessoas com deficiência.

Nesse sentido, é possível afirmar que o acesso à profissionalização ainda é muito baixo. A inclusão não ocorre totalmente e, mesmo que seja garantida a oportunidade de acesso à formação inicial, muitos não conseguem chegar ou concluir um curso superior. Os motivos da falta de acesso são inúmeras: desde a falta de qualidade na formação inicial da pessoa, o que dificulta o ingresso

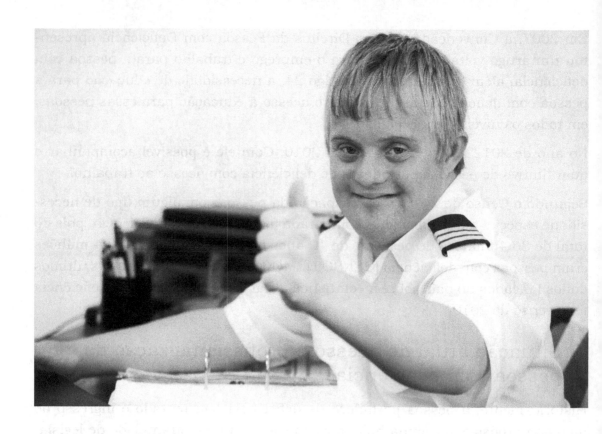

nas universidades públicas, pois muitos deles não tem condição de pagar uma universidade particular, até a falta de infraestrutura, o que impede o ir e vir da pessoa com deficiência.

Com este cenário, a profissionalização do indivíduo portador de deficiência ainda não é totalmente respeitada. O país continua discutindo novas formas de ensino, formação educacional, mas o acesso amplo destas pessoas ainda não ocorreu.

A Lei n. 8.213/1991, conhecida como Lei de Cotas, que garante o direito das pessoas com deficiência a terem oportunidades de trabalhar em grandes empresas, não assegura, contudo, a profissionalização.

PARA SABER MAIS! No Brasil, há duas normas internacionais devidamente ratificadas, o que lhes confere status de leis nacionais, que são a Convenção n. 159/83 da OIT e a Convenção Interamericana para a Eliminação de Todas as Formas de Discriminação Contra as Pessoas Portadoras de Deficiência, também conhecida como Convenção da Guatemala, que foi promulgada pelo Decreto n. 3.956, de 8 de outubro de 2001. Ambas conceituam deficiência, para fins de proteção legal, como uma limitação física, mental, sensorial ou múltipla, que incapacite a pessoa para o exercício de atividades normais da vida e que, em razão dessa incapacitação, a pessoa tenha dificuldades de inserção social. (Fonte: Ministério Público do Trabalho e Emprego).

Como enfatizado, é o processo de formação que possibilita o indivíduo ser um profissional capacitado e que lhe dá o *status* da profissão. Muitas empresas acabam colocando as pessoas com deficiência em postos sem necessidade específica de formação, ou admitindo-as em serviços que não condizem com suas habilidades, o que não garante a inclusão. Somente se identifica a inclusão quando os direitos concedidos são iguais para todos (sejam portadoras de necessidades especiais ou não).

O quadro a seguir apresenta uma comparação do acesso ao trabalho de pessoas com e sem necessidades especiais, de acordo com o censo de 2010:

Quadro 1 – Quantitativo relativo entre pessoas com deficiência e sem deficiência.

	Pessoa com deficiência (relativo ao quantitativo dessa população)	Pessoa sem deficiência (relativo ao quantitativo dessa população)
Empregados como militares e funcionários públicos	5,9%	5,5%
Trabalhador por conta própria	27,4%	50,8%
Trabalhadores com carteira assinada	40,2%	49,2%
Trabalhadores não remunerados	2,2%	1,7%

Fonte: Censo demográfico de 2010

No quadro anterior é possível perceber que nos cargos públicos, o quantitativo se equipara. Nos demais, a pessoa portadora de deficiência tem menos acesso e são os que mais se apresentam como trabalhadores não remunerados, perfazendo uma fatia pequena no mercado de trabalho.

Sobre o **rendimento**, o quantitativo da pessoa portadora de necessidades especiais é um pouco maior do que o da pessoa sem deficiência, no entanto, esta relação tende a cair no momento em que sobe o salário e a classe social. A pessoa com deficiência não tem tanto acesso a altos salários e, consequentemente, pouco alcance a níveis mais altos na sociedade.

Já foi dito que a necessidade de formação e capacitação é muito importante para que a pessoa com deficiência alcance seu espaço. Segundo o Censo demográfico 2010 (2012), entre vários outros fatores, a educação, pelo número de anos de estudo ou o nível concluído, influencia muito a inserção aos postos de trabalho e profissionalização. Pessoas sem a formação necessária para se profissionalizar, dificilmente ingressarão ou terão oportunidades de trabalho que originarão renda suficiente para prover uma vida sem tantas dificuldades.

A relação entre quantitativo e acesso ao trabalho apresenta diferenças também nos tipos de deficiência, pois considerando a população residente no país, 23,9% possuem ao menos uma deficiência (visual, auditiva, física ou intelectual), sendo 18,6% de pessoas com deficiência visual, 7% de pessoas com deficiência física, 5,10% de pessoas com deficiência auditiva e 1,4% de pessoas com deficiência intelectual. Entre elas, as oportunidades são bem diferentes.

6. Expectativas da profissionalização e inclusão das pessoas com deficiência

Para a pessoa com deficiência, o alcance da profissionalização apresenta dificuldades para serem enfrentadas. A formação no ensino superior, que vai garantir a possibilidade da pessoa se tornar um profissional, é uma situação ainda distante para grande parte das pessoas portadoras de deficiência.

Mesmo que normas ou leis obriguem a contratação de pessoas com deficiência em empresas, isso ainda não é garantia da formação em si. Trata-se de uma luta ainda não vencida e que deverá continuar para que a garantia ao acesso seja, de fato, concedida para todos, sem distinção.

Na próxima unidade serão apresentadas as possibilidades e dificuldades de cada uma das deficiências expostas para o acesso à profissionalização, de modo a compreender como é o acesso para determinada deficiência, além de como acontece o processo de reintegração na sociedade.

Glossário – Unidade 2

Autonomia – independência, liberdade de escolha, autossuficiência, aptidão ou competência para gerir sua própria vida, valendo-se de seus próprios meios, vontades e/ou princípios.

Didática – técnicas e métodos de ensino que fazem parte da pedagogia, respondendo ao ato de "como" ensinar.

Escolarização – processo de aprendizagem ou estudo, sem interrupção, no contexto escolar.

Ética – parte da filosofia que estuda os valores morais e os princípios ideais da conduta humana. Conjunto de princípios morais que se devem observar no exercício de uma profissão; deontologia.

Etimologia – estudo da origem e formação das palavras de determinada língua.

Missionário – pessoa que ensina, que prega o evangelho em missões.

Professar – atuar em uma profissão. Ministrar, praticar, exercer ou ensinar.

Profissão – é um trabalho que uma pessoa exerce para obter recursos necessários a sua existência; uma ocupação, um ofício.

Profissional – é aquele que tem e exerce uma profissão.

Profissionalização – em sua definição específica, é o ato ou o efeito de profissionalizar-se, capacitar-se.

Profissionalizar – significa tornar-se ou formar-se um profissional, aperfeiçoar, habilitar ou capacitar.

Rendimento – ação ou efeito de render ou render-se. Aquilo que uma propriedade rende. O juro de um capital.

Universitarização – ocorre quando as estruturas habituais das universidades absorvem instituições de formação de professores.

UNIDADE 3
PROFISSIONALIZAÇÃO E REINTEGRAÇÃO DA PESSOA COM DEFICIÊNCIA NA SOCIEDADE

Capítulo 1 Profissionalização: pessoas com deficiência no mercado de trabalho, 44

Capítulo 2 Profissionalização da pessoa com deficiência visual, 45

Capítulo 3 Profissionalização da pessoa com deficiência auditiva, 48

Capítulo 4 Profissionalização da pessoa com deficiência física, 50

Capítulo 5 Profissionalização da pessoa com deficiência intelectual, 52

Capítulo 6 Deficiência múltipla, 54

Glossário, 59

1. Profissionalização: pessoas com deficiência no mercado de trabalho

Como já vimos na Unidade 2, a **inclusão** da pessoa com deficiência ainda está acontecendo, no âmbito da profissionalização. O que é possível se ver, hoje, é a integração desta pessoa, o que significa dizer que não houve, ainda, a inclusão no mercado de trabalho da forma como tanto se almeja. As empresas ainda estão se adaptando para receber este público e, principalmente diante das leis recentemente aprovadas, o direito de acesso das pessoas portadoras de deficiência vem aos poucos acontecendo.

Entre os termos **exclusão** x **segregação** e integração x inclusão existem algumas peculiaridades. A exclusão se dá quando há a privação de algumas ou de todas as funções. Até meados da idade média, a exclusão era recorrente entre as pessoas com deficiência, quando estas não tinham acesso à nada e eram totalmente excluídos da sociedade, sendo muitas vezes, perseguidos e até mortos.

Com o tempo, as pessoas foram alcançando seus direitos. Mas, foram muitos anos lutando contra a exclusão. Inicialmente, as pessoas com deficiência receberam atenção **assistencialista**, pois muitas instituições foram construídas para recebê-las (este assunto será aprofundado na Unidade 4).

Com as instituições, iniciou-se a segregação da pessoa com deficiência, em que cada limitação encontrava uma escola específica. Assim, eles eram separados e isolados por "tipos". Contudo, percebeu-se que pessoas com deficiência tinham a necessidade de estar junto de todos, sem que fossem segregados. Foi feita a **normalização** da pessoa com deficiência, permitido-lhes estar junto às outras pessoas e tudo lhe era adaptado e facilitado.

Com isso, a pessoa com deficiência foi integrada à sociedade. As escolas começaram a receber estudantes da educação especial e os professores passaram a adaptar material para este público.

A integração buscava defender os direitos da pessoa com deficiência, "facilitando" o seu acesso e permitindo que ela esteja presente no mesmo ambiente que todos. No entanto, o direito de "todos" não estava garantido com a integração, pois

Unidade 3 – Profissionalização e reintegração da pessoa com deficiência na sociedade

é necessário que pessoas com deficiência tenham os mesmos acessos, as mesmas possibilidades, não que tenham "facilitadores" ou "adaptações" para ela, e sim que tudo seja pensado para o bem comum de todos, com isso, partimos para o termo inclusão, ou seja, defendendo os direitos de todas as pessoas, com ou sem deficiência.

PARA SABER MAIS! O conceito de "inclusão" refere-se ao processo de construção de uma sociedade para todos e, portanto, os alvos de transformação são os ambientes sociais e não a pessoa. Assim, o termo inclusão não deve ser usado como sinônimo de inserção ou integração (Convenção sobre Direitos das Pessoas com Deficiência Comentada, 2008, p. 32). Disponível em: <https://www.google.com.br/url?sa=t&rct=j&q=&esrc=s&source=web&cd=1&cad=rja&uact=8&ved=0CB0QFjAA&url=http%3A%2F%2Fwww.ulbra.br%2Facessibilidade%2Ffiles%2Fcartilha_onu.pdf&ei=md_jVOSnKvDisAS-964CwBg&usg=AFQjCNHUw4zAGOblXTm9IFl0f53XCszT9Q&sig2=sRHkADNIVi8eY-GPhAhc7Sw>. Acesso em: 17 fev. 2015.

As empresas ainda estão se adequando às leis e adaptando sua infraestrutura. O acesso das pessoas com deficiência, principalmente em vias públicas, não é totalmente adequado e ainda há a necessidade de muitos prédios comerciais, calçadas e ruas se adequarem para que todos consigam ir e vir.

PARA SABER MAIS! Assista à reportagem sobre a Lei de Cotas: <http://g1.globo.com/pb/paraiba/bom-dia-pb/videos/t/edicoes/v/lei-de-cotas-obriga-empresas--a-contratarem-pessoas-com-deficiencias/2254929/>. Acesso em: 17 fev. 2015.

Nesse sentido, a inclusão é um processo complexo e contínuo que deve se iniciar na escolarização, ter continuidade no ensino superior ou profissionalizante e, assim, possibilitar o ingresso ao mercado de trabalho. Todos os locais devem assegurar o direito de todos, sem nenhuma distinção ou impedimento, inclusive para pessoas com deficiências ou com **necessidades especiais**.

2. Profissionalização da pessoa com deficiência visual

De acordo com o Decreto n. 3.298/99 e o Decreto n. 5.296/04, deficiência visual é conceituada como:

- cegueira – a acuidade visual é igual ou menor que 0,05 no melhor olho, com a melhor correção óptica;
- baixa visão – significa acuidade visual entre 0,3 e 0,05 no melhor olho, com a melhor correção óptica;
- os casos nos quais a somatória da medida do campo visual em ambos os olhos for igual ou menor que 60°;
- ocorrência simultânea de quaisquer das condições anteriores.

Ressaltamos que a inclusão das pessoas com baixa visão foi pleiteada a partir da edição do Decreto n. 5.296/04 (BRASIL, 2004).

Pessoa com baixa visão é aquela que, mesmo usando óculos, lentes de contato, correções da vista por meio de cirurgias, implantes de lente intraoculares, não conseguem enxergar bem. Estas pessoas tendem a ter sensibilidade à luz, ao contraste, à percepção de cores, dependendo da patologia da causa da perda visual.

A primeira instituição destinada exclusivamente para cegos foi criada em Paris. O asilo de Quinze-Vingts foi construído no ano de 1260 para receber soldados em guerra durante as Cruzadas, que tiveram os olhos arrancados em combate. Este asilo abrigou, além de soldados, os cegos de nascença, além de mendigos cegos que ficavam nas ruas parisienses (FRANCO; DIAS, 2014).

O acesso ao mercado de trabalho da pessoa com deficiência visual foi lento, assim como as demais deficiências. Somente no século XVIII é que a pessoa cega teve a oportunidade de ter acesso à educação, com o instituto Real dos Jovens Cegos de Paris, inaugurado por Valentin Haüy. A primeira escola do mundo destinada à educação de pessoas cegas aconteceu no ano 1829. Louis Braille, aluno deste instituto, inventou o Sistema Braille, o processo de leitura e escrita em relevo, com base na signografia inventada por Charles Barbier (um código militar de escrita noturna) (FRANCO; DIAS, 2014).

No Brasil, o Instituto Imperial dos Meninos Cegos, em 1824, dava ênfase à preparação para o trabalho com o oferecimento de oficinas para aprendizagem de ofícios, como as oficinas de tipografia e encadernação para meninos cegos e de tricô para as meninas (NERES, 1999).

De lá para cá, assim como a história de acesso da pessoa com deficiência em geral, o movimento de integração ocorreu após as guerras mundiais, com a necessidade de readaptar pessoas mutiladas à sociedade. As pessoas com deficiência visual eram direcionadas às atividades em que a visão era dispensável, como na área da telefonia.

Unidade 3 – Profissionalização e reintegração da pessoa com deficiência na sociedade

Neres (1999) apresenta em seu estudo as entrevistas que fez com empregadores que contratam pessoas portadoras de deficiência visual. Estes deixaram claro que só contratavam se a pessoa comprovasse sua produtividade na função específica, e que seu trabalho se dava por meio de um estágio supervisionado. Um dos fatores do contrato de pessoa com deficiência era o de passar a imagem de uma empresa cidadã.

Atualmente, passados 16 anos da pesquisa da autora, o contrato da pessoa com deficiência visual ainda requer comprovação de habilidades em trabalhos específicos. Todavia, em trabalhos que não requerem a profissionalização a contratação é mais fácil.

A Organização Internacional do Trabalho (OIT) orienta que, de forma geral, da pessoa com deficiência não deve ser exigida experiência. E quando ela for efetivamente necessária ao desempenho da função, a própria empresa deve oportunizar que a pessoa adquira internamente as habilidades, a postura de trabalho e os conhecimentos exigidos para o exercício de determinados cargos. Reafirmando ainda que a experiência obtida no local de trabalho poderá ajudar a pessoa com deficiência a moldar suas habilidades às exigências do empregador. Essa experiência oferece também a oportunidade de o empregador avaliar as habilidades e a capacidade do candidato ao emprego podendo, posteriormente, contratá-lo findo o período de treinamento (OIT, 2006).

Diante das recomendações da OIT, cabe à pessoa com deficiência visual que queira exercer uma profissão, primeiro formar-se para tal e buscar por empresas contratantes para a sua função. A habilidade no serviço acontecerá na prática e a empresa deve disponibilizar uma pessoa para acompanhar e auxiliar o serviço para o período de experiência.

PARA SABER MAIS! O instituto Benjamim Constant em sua página virtual compartilha um estudo feito com 440 profissões de diversos níveis de escolaridade e formação profissional, para verificar quais as mais indicadas para a atuação no mercado de trabalho para a pessoa com deficiência visual. Neste estudo eles apresentam 95 ocupações compatíveis para as pessoas com deficiência visual. Quer conhecer quais? Acesse ao link: <http://www.ibc.gov.br/?itemid=393>. Acesso em: 21 fev. 2015.

Como é possível perceber, a pessoa com deficiência visual, apesar da limitação da falta de visão (completa ou parcial), tem diversos serviços que pode lhe garantir o acesso ao mercado de trabalho e profissionalização.

Como frisamos nas últimas leituras, é necessário o acesso à educação para ser possível a formação adequada. No entanto, as instituições de ensino superior e profissionalização devem ser acessíveis para que a pessoa com deficiência visual consiga fazer parte do ensino e aprender.

3. Profissionalização da pessoa com deficiência auditiva

A deficiência auditiva é a segunda predominante no Brasil, segundo o Decreto n. 3.298/99 e o 5.296/04, (BRASIL, 1999, art. 4º, inc. II). É considerada a "perda bilateral, parcial ou total, de 41 decibéis (dB) ou mais, aferida por audiograma nas frequências de 500Hz, 1.000Hz, 2.000Hz e 3.000Hz".

Para sabermos os níveis das perdas auditivas, consideraremos: de 41 a 55 dB (surdez moderada); de 56 a 70 dB (surdez acentuada); de 71 a 90 dB (surdez severa), acima de 91dB (surdez profunda) e a **anacusia** (BRASIL, 1999).

Como destacado sobre a profissionalização da pessoa com deficiência visual, o processo de inclusão da pessoa com deficiência auditiva seguiu os mesmos caminhos, na história. No entanto, como a pessoa com deficiência auditiva tinha dificuldades de comunicar-se verbalmente houve grande dificuldade em sua inclusão.

Apesar de a partir da idade média iniciar-se a inserção do indivíduo com deficiência na sociedade, diferente de outras deficiências, a auditiva não teve uma instituição de referência própria no início de sua história. Iniciou-se por pessoas que tentavam compreender e criar um método de comunicação para estas pessoas, além do método **oralista**.

Citaremos alguns personagens importantes para as pessoas com deficiência auditiva: Rodolfo Agrícola (1443-1485); Girolamo Cardamo (1501-1578), médico

italiano que afirmou que a pessoa surda poderia aprender com símbolos, mímica e desenhos; Pedro Ponce de León (1520-1584), que desenvolveu um estudo de linguagem para ser utilizado com as pessoas surdas. No entanto, foi apenas no século XVII que foi criado um alfabeto manual, a datilologia, por Juan Pablo Bonet (1573-1633), um padre espanhol, que publicou o livro "Redução das letras e artes de ensinar a falar os mudos".

Somente em 1760 foi criada a primeira escola gratuita para surdos denominado Instituto Nacional de Surdos-Mudos de Paris, fundado por Charles-Michel de l'Épée, que via na comunicação entre surdos a possibilidade de existir uma língua de sinais.

No entanto, para as pessoas com deficiência auditiva, houve duas vertentes: a possibilidade de comunicar-se com a língua de sinais e o oralismo. Um dos principais critérios de "forçar" o oralismo para a pessoa com deficiência auditiva era o fato de pouquíssimas pessoas compreenderem a língua de sinais e, para o mercado de trabalho, a contratação de pessoas surdas acarretaria a contratação de uma pessoa especializada, assim como a sua formação ficou defasada, pois poucos professores tinham o conhecimento da língua.

No Brasil, em 1857, foi criado o Instituto dos Surdos-Mudos, que, em 1950, passou a ser denominado Instituto Nacional de Surdos (INES). Este Instituto utilizava a linguagem de sinais para ensinar e formar alunos surdos.

A língua brasileira de sinais, também conhecido como Libras, foi oficializada no final do século XX e somente em 2002, com a Lei n. 10.436, de 24 de abril de 2002 (BRASIL, 2002), que foi estabelecida como língua oficial das pessoas Surdas.

De forma à garantir que a pessoa com deficiência auditiva tenha acesso à aprendizagem, o Decreto n. 5.626, de 22 de dezembro de 2005 (BRASIL, 2005), determina a formação de docentes para o ensino de libras em cursos de licenciatura, como Letras e Pedagogia.

Durante muito tempo, não havia a comunicação entre professor e aluno com deficiência auditiva e as pessoas surdas saíam da escola sem saber ler, escrever e sequer aprendiam conceitos básicos de matemática, impedindo que elas tivessem qualquer chance no mercado de trabalho.

Segundo Aroucha (2011), essas pessoas eram escaladas apenas para executar trabalhos manuais, como se não fossem capazes de colaborar nas atividades intelectuais. O que a autora constatou, no Maranhão, em sua pesquisa feita na cidade de São Luís, é que, apesar de não haver dificuldades de encontrar emprego, os cargos das pessoas, de forma geral são manuais, como empacotadores, embaladores e estoquista. Igualmente, mesmo com a dificuldade de formação profissional, a pessoa surda tem capacidade de se profissionalizar. Alguns cursos são indicados no site do INES, possibilitando o acesso da pessoa ao mercado de trabalho. Além de que, com as leis de obrigatoriedade da libras, é possível a pessoa com deficiência auditiva buscar pelos seus direitos e se formar com o auxílio de um intérprete.

4. Profissionalização da pessoa com deficiência física

Para compreender a profissionalização da pessoa com deficiência física é necessário entender ou relembrar como ela é e como pode ocorrer. Segundo os Decretos n. 5.296/04, art. 5º, §1º, I, "a" e n. 3.298/99, art. 4º, I, a deficiência é apresentada pela alteração completa ou parcial de um ou mais segmentos do corpo humano, acarretando o comprometimento da função física, apresentando-se sob a forma de paraplegia, paraparesia, monoplegia, monoparesia, tetraplegia, tetraparesia, triplegia, triparesia, hemiplegia, hemiparesia, ostomia, amputação ou ausência de membro, paralisia cerebral, nanismo, membros com deformidade congênita ou adquirida, exceto as deformidades estéticas e as que não produzam dificuldades para o desempenho de funções (BRASIL, 1999; 2004).

Suas definições são, segundo os decretos mencionados:

- Amputação – perda total ou parcial de determinado membro ou segmento de membro;

- Paraplegia – perda total das funções motoras dos membros inferiores;

- Paraparesia – perda parcial das funções motoras dos membros inferiores;

- Monoplegia – perda total das funções motoras de um só membro (inferior ou superior);

- Monoparesia – perda parcial das funções motoras de um só membro (inferior ou superior);

- Tetraplegia – perda total das funções motoras dos membros inferiores e superiores;

- Tetraparesia – perda parcial das funções motoras dos membros inferiores e superiores;

- Triplegia – perda total das funções motoras em três membros;

- Triparesia – perda parcial das funções motoras em três membros;

- Hemiplegia – perda total das funções motoras de um hemisfério do corpo (direito ou esquerdo);

- Hemiparesia – perda parcial das funções motoras de um hemisfério do corpo (direito ou esquerdo);

- Ostomia – intervenção cirúrgica que cria um ostoma (abertura, ostio) na parede abdominal para adaptação de bolsa de fezes e/ou urina; processo cirúrgico que visa à construção de um caminho alternativo e novo na eliminação de fezes e urina para o exterior do corpo humano (colostomia: ostoma intestinal; urostomia: desvio urinário);

- Paralisia Cerebral – lesão de uma ou mais áreas do sistema nervoso central, tendo como consequência alterações psicomotoras, podendo ou não causar deficiência mental;

- Nanismo – deficiência acentuada no crescimento.

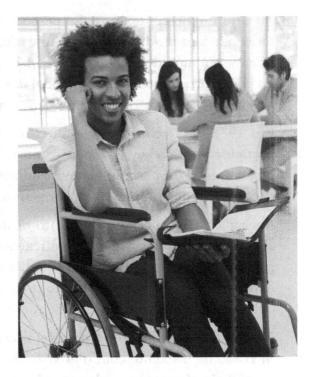

É importante ter em mente que o conceito de deficiência inclui a incapacidade relativa, parcial ou total, para o desempenho da atividade dentro do padrão considerado normal para o ser humano. Esclarecemos que a pessoa com deficiência pode desenvolver atividades laborais desde que tenha condições e apoio adequados às suas características.

Existem diversas variações da pessoa com deficiência física e todas elas estão diretamente ligadas à mobilidade da pessoa, que, no local de trabalho, deve ter acesso à infraestrutura.

A pessoa com deficiência física já apresenta a relação com o trabalho desde a mitologia grega. No entanto, mesmo na história de deuses já havia o preconceito com a "deformação", como poderá conhecer a história em "Para saber mais" desta página.

PARA SABER MAIS! Você sabia que, na mitologia grega, Hefesto, filho de Zeus, tinha deficiência física? Isso mesmo! Hefesto, filho da deusa Hera e de Zeus, foi um dos doze deuses do Olimpo. Nascido com deficiência em suas pernas, Zeus aparentemente com a anuência de Hera, lançou-o do alto do Olimpo. Depois de dias caindo do morro, foi amparado pelas nereidas Tétis e Eurínome, que o criaram em uma gruta vulcânica na ilha de Lemnos. Durante o tempo que passou com as nereidas o jovem Hefesto aprendeu os segredos da metalurgia, dominando o fogo e o trabalho com metais, criando peças bastante refinadas e de extrema qualidade. A mitologia cita alguns trabalhos como: o raio de Zeus, o tridente de Poseidon, a couraça de Hércules, as flechas de Apolo e as fulgurantes armas de Aquiles. Para conhecer mais da história, acesse: <http://www.asdef.com.br/innova/assets/artigos/historia003.pdf>. Acesso em: 21 fev. 2015.

No entanto, no contexto real a pessoa com deficiência física só foi conseguir notoriedade a partir das guerras mundiais, quando muitos soldados feridos tiveram que ser readaptados na sociedade, por causa da carência de mão de obra surgida no pós-guerra. Antes desse período, essas pessoas eram consideradas inválidas e sem muita produtividade, dependendo muito do tipo de deficiência que ela tinha.

Em 1975, a "Declaração dos direitos das Pessoas Deficientes" caracterizava o portador de deficiência física como uma pessoa incapaz de assegurar por si mesma, total ou parcial, as necessidades de uma vida individual ou normal, em decorrência de sua anomalia congênita ou não e de suas capacidades físicas.

Apesar de não haver um instituto destinado às pessoas com deficiência física, elas foram o público alvo da educação especial que precisou ter seus direitos garantidos. Segundo Campos (2006), a deficiência física é apresentada por realidades distintas. Por isso, no âmbito de contratação para o mercado de trabalho, optava-se por aqueles que apresentavam ter "pouca complicação" na deficiência.

No entanto, atualmente, é possível o acesso da pessoa com deficiência física no mercado de trabalho, com o auxílio de recursos tecnológicos que permitem a comunicação alternativa e a locomoção, dentro das possibilidades da pessoa com deficiência. Mas, para garantir este acesso é necessário adequações de infraestrutura necessárias para que a pessoa consiga ir e vir, como rampas de acesso, elevadores, corrimão, chão sem desnível, entre outros, que são de extrema importância para que o indivíduo com deficiência física consiga locomover-se com autonomia.

5. Profissionalização da pessoa com deficiência intelectual

Sobre a deficiência intelectual, chamada, antigamente, de deficiência mental, tem sua definição de acordo com o Decreto n. 3.298/99, alterado pelo Decreto n. 5.296/04, que conceitua como deficiência intelectual o funcionamento do intelecto inferior à média, com manifestação antes dos 18 anos e limitações associadas a duas ou mais áreas de habilidades adaptativas, tais como: comunicação; cuidado pessoal; habilidades sociais; utilização dos recursos da comunidade; saúde e segurança; habilidades acadêmicas; lazer e o trabalho (BRASIL, 1999; 2004).

A deficiência intelectual, antes do processo de inclusão, teve uma trajetória de procurar definições da deficiência e de compreendê-la. Como o sujeito com deficiência intelectual era considerado desprovido de inteligência, louco e até **endemoniado**, muitos termos foram utilizados para a definição.

Segundo Dias e Oliveira (2013), nomear a deficiência intelectual foi um trabalho bastante complexo e impreciso. Ao longo do tempo, houve diversas terminologias, tais como debilidade mental, subnormalidade mental, retardo mental, deficiência mental, barreira na aprendizagem, pessoas idiotas, imbecis, tontas, demente, inválidos, entre outros.

No século XVIII, quando as pessoas com deficiência intelectual eram consideradas portadoras de problemas mentais, apenas médicos poderiam cuidar delas e tirá-las da sociedade, tentando diversos "tratamentos" para "curá-las".

Somente no século XIX, médicos e psicólogos conseguiram identificar potencialidades na pessoa com deficiência intelectual e muitos pesquisadores se envolveram com estes estudos. Um deles foi Philippe Pinel (1745-1826), considerado o pai da psiquiatria, que demonstrou que pessoas consideradas com perturbação mental deveriam ser tratadas como doentes e não de maneira violenta, como acontecia até então.

Johann Heinrich Pestalozzi (1746-1827) foi um pedagogo suíço que criou o método Pestalozzi, por acreditar na condição humana e no potencial intelectual de cada um. Ele acreditava que as pessoas deveriam receber atenção e tratamento para que se desenvolvessem. Nessa mesma época, uma das primeiras escolas voltadas para trabalhar com as crianças foi a Abendberg, criada em 1840, por Guggenbuhl (1816-1863), que estudava o cretinismo. O objetivo da escola era recuperar os alunos, trazendo de volta sua autonomia e independência.

Ainda no século XIX, Maria Montessori (1870-1952) foi pioneira na medicina e também acreditava muito na educação da criança. Seu método era biológico, em

que os fundamentos teóricos davam corpo às informações científicas sobre o desenvolvimento da criança. Ela acreditava que a evolução mental da criança deveria ser acompanhada pelo seu crescimento biológico. No século XX, surgem as escolas montessorianas, cuja base de aprendizagem dos meninos e das meninas é a experiência.

Com este trabalho de humanização da pessoa com deficiência intelectual, as instituições de Educação Especial começaram a ser criadas seguindo essas metodologias, buscando trabalhar o potencial do aluno e não a sua deficiência. Enquanto a terminologia também continuou em um processo de discussão até nos dias atuais, em que a definição da deficiência no campo da medicina tem concebido a deficiência intelectual como um transtorno mental ou do comportamento, seguindo as definições propostas pela Classificação Internacional de Doenças – CID 10 (OMS, 1993) e pelo Manual Diagnóstico e Estatístico dos Transtornos Mentais – DSM-IV (APA, 2003).

Para o trabalho, pessoas com deficiência intelectual tem a menor porcentagem de acesso em comparação às outras deficiências, principalmente pela falta de profissionalização dessas pessoas. Muitas delas não terminam a escolarização inicial e, assim, não têm acesso ao ensino superior ou cursos profissionalizantes.

Neste sentido, a forma de trabalho para a pessoa com deficiência intelectual são os cargos de baixa hierarquia ocupacional, executando trabalhos manuais, sem a necessidade do uso do cognitivo.

6. Deficiência múltipla

A deficiência múltipla, de acordo com o Decreto n. 3.298/99, conceitua-se como a associação de duas ou mais deficiências associadas de ordem física, sensorial, intelectual ou comportamental (BRASIL, 1999).

No entanto, para ser caracterizada deficiência múltipla, não é a somatória das alterações e sim o nível de desenvolvimento, as possibilidades funcionais, de comunicação, interação social e aprendizagem que determinam suas necessidades educacionais.

Unidade 3 – Profissionalização e reintegração da pessoa com deficiência na sociedade

Este tipo de deficiência causa muitas dúvidas desde a escolarização, pois tipos de deficiências associadas tornam o caminho ainda mais difícil de ser percorrido, dependendo muito de quais deficiências estão relacionadas.

Ao mercado de trabalho, a mesma situação ocorre de dúvidas, no entanto, as possibilidades devem ser tratadas igualmente à inclusão das demais deficiências, garantindo o acesso, destacando suas habilidades e ofertando possibilidades de se profissionalizar e crescer na empresa igualmente aos demais.

Reintegração e reabilitação da pessoa com deficiência

A **reintegração** da pessoa com deficiência ao mercado de trabalho é direito garantido para que ela exerça a sua função ocupacional. A Convenção n. 159/83, da OIT, foi ratificada pelo Brasil por meio do Decreto Legislativo n. 51, de 28 de agosto de 1989, lhe concedendo força de lei. Em seu artigo 1º é definido que:

> "para efeitos desta Convenção, todo o País Membro deverá considerar que a finalidade da **reabilitação** profissional é a de permitir que a pessoa com deficiência obtenha e conserve um emprego e progrida no mesmo, e que se promova assim a integração ou a reintegração dessa pessoa na sociedade" (BRASIL, 1989, § 2).

Neste sentido, a lei assume a importância de garantir a reabilitação profissional e a garantia de emprego, possibilitando que a pessoa, além de ser incluída na sociedade, seja reintegrada ocupacionalmente.

Quando a lei de cotas foi sancionada (Lei n. 8.213, de 24 de julho de 1991), foi prevista a garantia da não dispensa desmotivada da contratação no serviço

> "a dispensa de trabalhador reabilitado ou de deficiente habilitado ao final de contrato por prazo determinado de mais de 90 (noventa) dias, e a imotivada, no contrato por prazo indeterminado, só poderá ocorrer após a contratação de substituto de condição semelhante." (BRASIL, 1991, § 1º)

Segundo a Secretaria de fiscalização do trabalho, que lançou em 2007 o documento "A Inclusão das Pessoas com Deficiência no Mercado de Trabalho", para elaborar programas de integração ou reintegração de pessoas com deficiência na vida da sociedade, deveriam ser considerados todos os tipos e níveis de formação. A inclusão deve ocorrer desde a preparação do profissional e sua formação, seja para a alfabetização, para as atividades da vida cotidiana ou para a formação específica em outras esferas que afetem a reabilitação profissional. Com isso, para garantir a integração ou reabilitação das pessoas com deficiência na vida

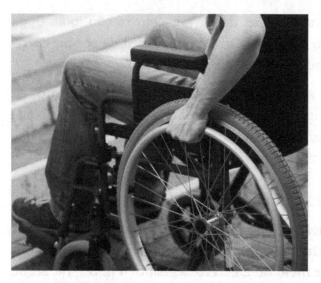

ativa e na sociedade, é necessário adotar medidas especiais para o apoio a estas pessoas, incluindo o fornecimento de aparelhos auxiliares, instrumentos de serviços pessoais permanente, com o fim de permitir que a pessoa com deficiência alcance e preserve um emprego adequado, assim como a possibilidade de progredir profissionalmente (BRASIL, 2007).

Contudo, a reintegração profissional não garante apenas que a pessoa com deficiência dispensado do trabalho retorne por suas garantias, mas a lei garante que a pessoa permaneça e que lhe seja permitido o crescimento no trabalho.

A reabilitação é uma fase anterior à reintegração. As pessoas que são reabilitadas são aquelas que se submeteram a programas de recuperação de atividades laborais e que, por algum motivo, acabaram sendo afastadas de sua ocupação.

O Decreto n. 3.298, de dezembro de 1999, dispõe sobre a Política Nacional para a Integração da pessoa com deficiência, que apresenta um conjunto de normativas para assegurar o exercício da pessoa com deficiência à sua proteção e lhe dando outras providências. O decreto ainda defende que cabe aos órgãos do Poder Público assegurar a estas pessoas o pleno exercício de seus direitos, inclusive o acesso à educação, saúde, trabalho, edificação pública, habitação, cultura, amparo à infância e à maternidade e outros decorrentes da lei (BRASIL, 1999).

Para efeitos do decreto, é considerado:

I   deficiência – toda perda ou anormalidade de uma estrutura ou função psicológica, fisiológica ou anatômica que gere incapacidade para o desempenho de atividade, dentro do padrão considerado normal para o ser humano;

II deficiência permanente – aquela que ocorreu ou se estabilizou durante um período de tempo suficiente para não permitir recuperação ou ter probabilidade de que se altere, apesar de novos tratamentos; e

III incapacidade – uma redução efetiva e acentuada da capacidade de integração social, com necessidade de equipamentos, adaptações, meios ou recursos especiais para que a pessoa portadora de deficiência possa receber ou transmitir informações necessárias ao seu bem-estar pessoal e ao desempenho de função ou atividade a ser exercida (BRASIL, 1999, art. 3).

Unidade 3 – Profissionalização e reintegração da pessoa com deficiência na sociedade **57**

Nesse sentido, para cada tipo, há a necessidade de reabilitação para o trabalho. A pessoa com deficiência, dependendo de qual for, deve ter garantias de acesso para que possa exercer as funções. Como já podemos comentar, a formação é dever de órgãos públicos, mas as empresas que contratam devem estar adaptadas para receber pessoas com deficiência.

Para pessoas com deficiência permanente, que tenha ocorrido ou estabilizado durante um período de tempo suficiente para não permitir a recuperação ou probabilidade que se altere, deve-se garantir que em sua reabilitação, a adaptação de sua função seja garantida, a exemplo de pessoas que sofrem acidentes e ficam em condição de deficiência física. Estas deverão ser reabilitadas para que possam voltar ao seu local de trabalho.

Aos considerados incapazes, devem-se garantir equipamentos de acesso ao trabalho e suas funções deverão ter o auxílio de recursos que os auxilie a executá-las, a exemplo de pessoas com paralisia cerebral do tipo de **ataxia**, que é caracterizada pela diminuição da **tonacidade**, incoordenação dos movimentos e equilíbrio da pessoa com deficiência, devido a lesão ou anomalia no cerebelo. Com esta deficiência, deve ser garantido instrumentos para que a pessoa execute suas funções, como os recursos de **tecnologia assistiva**.

Desta forma, entende-se que uma pessoa é reabilitada por ter passado por um processo de orientação de sua função, após de entrevistas e identificação de suas potencialidades para executar novamente o serviço:

"a reabilitação torna a pessoa novamente capaz de desempenhar suas funções ou outras diferentes das que exercia, se estas forem adequadas e compatíveis com a sua limitação." (BRASIL, 1999, art. 31)

Nesse sentido, o documento "A Inclusão das Pessoas com Deficiência no Mercado de Trabalho" traz diversas orientações para a reabilitação da pessoa com deficiência ao trabalho até chegar a reintegração dela em sua função ocupacional.

Dentre as orientações da Recomendação n. 168/83, que trata da reabilitação profissional e do emprego de pessoas com deficiência, que é uma releitura das recomendações de 1955, são explicadas algumas ações que deveriam ser consideradas em campo de aplicação:

- permitir que a pessoa com deficiência obtenha e conserve seu emprego adequado e consiga progredir por meio de promoções, causando, assim, a integração ou reintegração dessa pessoa à sociedade;

- as medidas de reabilitação profissional devem ser aplicadas a todas as categorias de pessoa com deficiência;

- ao ser planejado e prestado serviços de reabilitação do profissional e de emprego das pessoas com deficiência, deve-se utilizar as adaptações necessárias, orientações e formação do profissional;

- a reabilitação profissional deve começar o mais cedo possível (BRASIL, 1991).

PARA SABER MAIS: Conheça todas as orientações de reabilitação do profissional com deficiência da recomendação n. 168/83, acessando ao link: <http://portal.mte.gov.br/fisca_trab/2-2-recomendacao-n-168-83-que-trata-da-reabilitacao-profissional-e-do-emprego-de-pessoas-portadoras-de-deficiencia.htm>. Acesso em: 26 fev. 2015.

A reabilitação do profissional com deficiência deveria ser desfrutada com igualdade de oportunidades no acesso, na manutenção e na promoção do emprego que corresponda a sua aptidão. Ao prestar assistência para a reabilitação, deve-se respeitar o princípio de igualdade de oportunidade e tratamento de trabalhadores, assim como as medidas positivas destinadas a alcançar igualdade de oportunidades e tratamento entre os trabalhadores com deficiência, que não devem ser discriminatórias (BRASIL, 1991).

Glossário – Unidade 3

Anacusia – pessoa com deficiência auditiva que tem a perda total da audição.

Assistencialista – assistência que a pessoa com deficiência recebe quando começa a ser integrada à sociedade.

Ataxia – pessoa com paralisia cerebral que tem a perda ou irregularidade da coordenação motora.

Endemoniados – historicamente, pessoas com deficiência consideradas possuídas por demônios que, naquele contexto, era considerada a real causa da deficiência.

Exclusão – privação da pessoa com deficiência para viver em sociedade, limitar suas atividades ou de determinadas funções.

Inclusão – acesso sem distinção entre as pessoas.

Necessidades especiais – atenção dada à pessoa que não necessariamente apresenta uma deficiência (auditiva, visual, física ou intelectual), mas que necessita de atenções específicas por apresentar alguma dificuldade.

Normalização – ato de considerar a pessoa com deficiência "normal".

Oralista – método de ensino para a pessoa surda, que precisava aprender a língua falada, oralizada.

Reabilitação – pessoa com deficiência que recupera o direito ao trabalho.

Reintegração – pessoa com deficiência que é reconduzida ao seu cargo de direito, que lhe foi tirado ilegalmente.

Segregação – ato de separar a pessoa com deficiência em grupos e não "misturá-la" com pessoas sem deficiência, afastá-la.

Tecnologia assistiva – recurso ou adaptação que colabora para que a pessoa com deficiência tenha a possibilidade de acesso igual a todos.

Tonacidade – relativa ao estado de tensão que o músculo apresenta em repouso, lhe permitindo iniciar rapidamente uma contração após estímulo. Quando o músculo apresenta diminuição da tonacidade ele leva mais tempo para realizar uma contração.

UNIDADE 4
A INSTITUCIONALIZAÇÃO PARA A PESSOA COM DEFICIÊNCIA COMO MEIO PARA FAZER CUMPRIR A PROFISSIONALIZAÇÃO

Capítulo 1 A institucionalização, 62

Capítulo 2 História da institucionalização, 63

Capítulo 3 Principais institutos para a pessoa com deficiência, 65

Capítulo 4 Conclusão, 75

Glossário, 77

Referências, 78

1. A institucionalização

A institucionalização do indivíduo com deficiência foi um ato importante para a sociedade, pois como foram excluídos e abandonados pela família, havia a necessidade de dar assistência a essas pessoas que, a princípio, eram escondidas do convívio de todos e isoladas da vida em sociedade.

Segundo Marques (1998), a institucionalização, quando se iniciou, foi de suma importância para a sociedade, pois representava uma forma de lidar com a diferença, devido à **mendicância** e as **intempéries** instaladas nas ruas. Para o autor, o início da institucionalização da deficiência nada mais foi do que uma manifestação de discriminação e a segregação do individuo com deficiência, pois a sociedade não poderia mais viver à mercê de deparar-se com o diferente pelas ruas. Como as pessoas com deficiência ficavam entregues à exposição pública, causando diversas reações entre as pessoas, desde caridades a agressões, com o advento da institucionalização, o quadro não foi alterado na essência. Apenas tirou a pessoa com deficiência da rua e a deixou protegida internamente por uma instituição de amparo que, por muito tempo, tornou-se uma marca de incapacidade àqueles em que nelas estavam (MARQUES, 1998).

De fato, com base no que conhecemos da história da pessoa com deficiência, podemos imaginar que muitas ações ainda estavam presas à marginalização, como forma de livrar-se de um problema. No entanto, mesmo que um dos objetivos de tirar estas pessoas excluídas da sociedade fosse para minimizar o constrangimento de encontrá-las largadas pelas ruas, o caráter assistencial veio a ser uma das questões principais dos institutos criados para pessoas com deficiência.

O assistencialismo parte do princípio de que a pessoa com deficiência tem um problema e é necessário que se faça alguma coisa por ela. Em geral, uma pessoa com deficiência dificilmente deixará de ter algum problema relacionado à sua dificuldade e, por esse motivo, necessitará de assistência, talvez não para sempre, mas até conseguir adaptar-se ao meio.

Neste sentido, a institucionalização para a pessoa com deficiência começou a ter importância em um processo de integração, saindo da segregação para incluí-la na sociedade. Enquanto a preocupação com a educação da pessoa com deficiência surgiu, médicos e estudiosos percebiam que pessoas com deficiência apresentavam inteligência.

As primeiras instituições que surgiram, abordadas parcialmente na Unidade 3, foram para os surdos e cegos, na França, e muito mais tarde, para as pessoas com deficiência intelectual e física.

As primeiras obras impressas para a deficiência, em que apresentavam as possibilidades das pessoas foram "Redução das Letras e Arte de Ensinar os Mudos a Falar", de Bonet; "Doutrina para os Surdos-Mudos", de Ponce de Léon; e algumas expressões utilizadas eram: "pedagogia dos anormais", "pedagogia teratológica", "pedagogia curativa ou terapêutica", "pedagogia a assistência social" e "pedagogia emendativa" (MAZZOTA, 1996).

2. História da institucionalização

A partir do século XVIII e meados do século XIX, iniciou-se a fase de institucionalização, em que os indivíduos que apresentavam deficiência eram segregados e protegidos em instituições residenciais.

A França foi a pioneira em iniciar a institucionalização da pessoa com deficiência quando, em 1260, o Rei Luís XIII fundou o asilo Quinze-Vingts, uma instituição na Idade Média exclusiva para cegos.

No ano de 1760, foi fundada por Charles-Michel de l'Épée (1712-1789), a primeira escola de Surdos-Mudos, intitulada de "Instituto Nacional de Surdos-Mudos de Paris" que, posteriormente, veio a ser conhecido como "Instituto Nacional de Jovens Surdos de Paris". Apesar de ter sido Pedro Ponde de León (1520-1584), que iniciou o ensino para a pessoa com deficiência auditiva, criando uma escola para Surdos em Madrid. O instituto foi a fundado por l'Épée, em Paris.

Nos séculos XVIII e XIX houve mudanças para a pessoa com deficiência visual, por Valentin Haüy (1745-1822) que, seguindo os passos de Charles-Michel de l'Épée, inaugurou em Paris, na França, o Instituto Real dos Jovens Cegos de Paris,

Luís XIII.

que foi considerada a primeira escola para as pessoas Cegas, em 1829.

Neste mesmo período, entre os séculos XVIII e XIX, segundo Jannuzzi (2004), no Brasil iniciou-se timidamente a educação da criança com deficiência, de forma institucional. Por aqui, a institucionalização foi a tentativa de escolarizar a população, sendo idealizada na constituição de 1824 a promessa de "instituição primária e gratuita para todos".

A lei de 15 de outubro de 1827 propunha uma escola de *Primeira letras,* que previa o ensino de leitura, escrita, contas, além dos princípios moral da religião católica. No entanto, a escola não conseguiu cumprir a proposta de ensinar a todos e as crianças com deficiência ainda não teve apoio na educação (JANNUZZI, 2004).

Como a deficiência passou a ser considerada uma doença, a linha médica-psicológica achava que pessoas com deficiência deveriam ser tratadas como doentes. Por essa razão, muitas Casas de Misericórdia tiveram a missão de cuidar destas pessoas, como o Hospício Dom Pedro II, seguindo uma linha que vinha de Portugal.

Enquanto isto, em Portugal já havia sido criado, em 1822, dois Institutos de Surdos e Mudos dois Institutos para Cegos. Posteriormente, no ano de 1916, surgiu o Instituto Médico-Pedagógico da Casa Pia de Lisboa, que tratava como um centro orientador e propaganda dos problemas de saúde mental e infantil do país (SILVA, 2009).

Voltando ao Brasil, por muito tempo houve o pedido por parte das províncias ao Rei de Portugal para que alguma coisa fosse feita para acabar com o abandono de crianças pelas ruas. Por esta razão, muitas tentativas ocorreram em diversas províncias, desde tentar colocar em prática a lei de educação até o pedido de criação de cargos de professores que trabalhassem com as pessoas com deficiência.

Somente no ano de 1854 foi criado o Imperial Instituto dos Meninos Cegos (posteriormente chamado de Instituto Benjamin Constant, o IBC), o primeiro da América Latina a ser criado para a assistência de pessoas cegas. Alguns anos depois foi criado, em 1856, o Imperial Instituto dos Surdos-Mudos, que foi baseado nos institutos europeus, em que muitos estudiosos vinham com o conhecimento de institutos da França para apresentar seus trabalhos, dar suporte e orientações para os institutos daqui.

Mesmo sendo pioneiros na oferta de assistência à pessoa com deficiência, no Brasil, as vagas ofertadas por ambos os institutos eram restritas, apesar de estarem alocados em instituições públicas e o foco, como já puderam perceber, foi apenas para a cegueira e a surdez.

Após a construção destes institutos, que iremos detalhar suas histórias até o final desta Unidade, por muito tempo não houve a criação de outras instituições de assistência para a pessoa com deficiência, apenas foi disseminado para outros estados estes institutos para promover o acesso à educação e à assistência da pessoa com deficiência visual e auditiva. Alguns institutos criados com base nos institutos citados foram o Instituto São Rafael, em Belo Horizonte, em 1926; o Instituto de Cegos Padre Chico, em São Paulo, em 1929; o Instituto Londrinense de Educação de Surdos, em Londrina, m 1959.

Com o fim do império o ensino fundamental destinado ao povo era precário, em 1887 a Escola México do Rio de Janeiro fazia o atendimento de pessoas com deficiência intelectual, física e visual, no entanto o melhor ensino ficava destinado à elite que conseguia contratar **preceptores** para auxiliar suas crianças, enquanto que para as escolas comuns não se conseguia contratar professores, por não haver (JANNUZZI, 2004).

Apesar de algumas escolas começarem a trabalhar com algumas deficiências, como o exemplo da Escola México, somente no ano de 1932 foi criada a Sociedade Pestalozzi, uma organização voltada para a assistência na área da educação e saúde para a pessoa com deficiência.

Poucos anos depois, em 1954, foi criada a Associação de Pais e Amigos dos Excepcionais (APAE), que foi uma escola especial que atendeu e oportunizou o ensino e trabalho de muitas pessoas com deficiência, ainda segregadas da sociedade.

Ainda na década de 1950, com um surto de poliomielite que ocorreu no país, houve a necessidade da criação de **centros de reabilitação** para pessoas com deficiência física. Assim foi criado um a Associação Brasileira Beneficente de Reabilitação, a Associação de Assistência à Criança Defeituosa (AACD), o Instituto Bahiano de Reabilitação (IBR) e a Associação Fluminense de Reabilitação.

A institucionalização da deficiência, na história foi segregada por tipo. Contudo, ela foi muito importante para a pessoa com deficiência, para a educação e direcionamentos da ocupação laboral. Com a definição de que as escolas comuns devem ser responsável pela formação de todos, o aluno com deficiência, nos dias atuais, não frequenta apenas as escolas especiais, como ocorria inicialmente. Todos agora devem ter acesso ao ensino comum e frequentar as escolas comuns.

3. Principais institutos para a pessoa com deficiência

Você viu que a história dos institutos está relacionada a cada tipo de deficiência, mas cada uma teve grande importância para as especificidade de cada deficiência, pois oportunizou o acesso ao conhecimento, ao estudo, assim como oficinas de atividades laborais, que oportunizaram a profissionalização em algumas áreas.

Muitas instituições e associações preparavam e ainda preparam a pessoa com deficiência para o mercado de trabalho. Algumas delas tinham convênio com empresas para o contrato das pessoas com deficiência.

Asilo Quinze-Vingts

O asilo foi fundado pelo Rei Luís XIII (1601-1643), em Paris, na França, quando este, junto a seus companheiros, regressavam do Egito, na guerra das Cruzadas, com muitos deles com os olhos arrancados em combate.

Em uma viagem do Papa Pio VII (1740-1823) à França, ele teve a oportunidade de conhecer o asilo que, na época, era considerado um "hospício" que cuidava de pessoas cegas de nascença. Ao chegar a Quinze-Vingts, o Papa foi recebido pelo administrador Desfaucherest que o apresentou às crianças do local. O hospício era uma escola financiada pelo governo francês para os cegos. Lá eles aprendiam por meio do tato a ler, aprender aritmética e a tocar música. A apresentação dessas crianças ao Papa fez com que o pontífice parabenizasse os administradores pelo trabalho feito com estas pessoas.

Atualmente, o Quinze-Vingts é um hospital nacional de oftalmologia, tendo deixado de ser o centro de ensino e recolhimento de pessoas cegas. Estas foram migradas ao Instituto Real dos Jovens Cegos de Paris, a ser tratado posteriormente.

Instituto Nacional de Jovens Surdos de Paris

Originalmente, o instituto foi chamado de Instituto Nacional de Surdos-Mudos de Paris, fundado por Charles-Michel de l'Épee, um educador filantrópico, em 1760, em Paris, na França.

l'Épee era conhecido por sua caridade com os pobres. Quando conheceu duas meninas surdas, que se comunicavam por gestos, resolveu dedicar a sua vida a ajudar pessoas com surdez. Com isto, fundou um abrigo que viria a se tornar uma escola para pessoas portadoras de deficiência auditiva, que receberiam ensinamentos de como se comunicar com o idioma francês por meio de uma linguagem.

A escola teve início em 1760 e, em pouco tempo, foi aberta para o público, tornando-se a primeira escola gratuita para Surdos. Depois da morte de l'Épée, em

1789 ele foi considerado um benfeitor humanitário, e em 1799 seu instituto começou a ser financiado pelo governo francês e seus métodos de educação espalhou-se pelo mundo e muitos estrangeiros iam até Paris para conhecer o método de trabalho com os Surdos.

O Instituto atualmente é conhecido como Instituto Nacional de Jovens Surdos de Paris, e em 29 de junho de 1991, a legislação francesa aprovou que a escola tornasse enfim pertencente ao governo.

Charles-Michel l'Épée.

Instituto Real dos Jovens Cegos de Paris

Assim como o Instituto Nacional de Jovens Surdos, o Instituto Real dos Jovens Cegos foi fundado em Paris, em 1784, por Valentin Haüy que, como já comentamos anteriormente, seguiu os passos de l'Épée.

O Instituto Real dos Jovens Cegos de Paris, em 1791, tornou-se uma escola que foi a primeira do mundo para a educação de pessoas cegas com o uso da leitura em **alto relevo**. Tinha também o objetivo de formar as pessoas cegas para o trabalho.

Em 1819, um jovem cego, de apenas 10 anos, chamado Louis Braille (1809-1852), ganhou uma bolsa para estudar no Instituto Real dos Jovens Cegos de Paris e, com

Instituto Real dos Jovens Cegos de Paris.

12 anos, conheceu o capitão Charles Barbier (1767-1841), que visitou o instituto e apresentou um sistema de escrita utilizado pelos soldados franceses para comunicar-se em batalha durante a noite, sem que fizessem barulho.

O sistema era formado por pontos em relevos e tinha o formato retângulo com seis pontos de altura e dois de largura, que ficava em uma tabela de 36 quadrado, representando, cada um deles, um som da linguagem humana. Louis Braille, ao conhecer o sistema tentou, por dois anos, produzir um sistema mais simplificado do código apresentado por Barbier, constituído de 12 pontos. Assim, reduziu o sistema a seis pontos, tendo três pontos de altura e dois de largura, possível de sentir com um toque de um dos dedos.

Em 1829, Braille terminou todo o seu sistema de letras e números e com um método de ensino passou a ensinar a como utilizar seu método no instituto. Com algumas melhorias, o sistema é utilizado até hoje e leva o nome do criador: **Braille**.

O Instituto funciona ainda nos dias atuais, que passou a ser chamado de Instituto Nacional dos Jovens Cegos.

Hospício Dom Pedro II

No Brasil, tentou-se, em 15 de outubro de 1827, instituir a lei de uma escola de Letras para o ensino de todos. Contudo, o ensino a todos não foi possível e muitas pessoas com deficiência, principalmente as intelectuais, continuavam a ser abandonadas. Aquelas que eram mais calmas ficavam vagando pelas ruas, enquanto as mais violentas eram presas em cadeias.

Com a necessidade de retirar essas pessoas das ruas e diminuir a população nas cadeiras, as Santas Casas de Misericórdia ficaram com a função de acolher estas pessoas, que passaram a serem tratadas como doentes nas alas psiquiátricas. Com isto, surgiu um movimento com o pedido da criação de um hospício para receber estas pessoas e retirá-las das Santas Casas.

Com a contribuição do imperador Dom Pedro II, foi financiado a construção de um hospício no Rio de Janeiro para receber estas pessoas que eram consideradas "**alienadas mentais**" e, em 1852, foi inaugurado o primeiro hospital psiquiátrico do Brasil: o Hospício Dom Pedro II.

Os pacientes da ala psiquiátrica da Santa Casa de Misericórdia foram todos transferidos ao hospício e lá, os pacientes mais calmos, recebiam atendimento ocupacional fazendo alfaiataria, artesanato, manufatura em calçados, entre outras atividades laborais. Enquanto que os mais agitados eram trancafiados e amarrados em camisa de força.

No final do século XIX, foi criado oficinas para que as pessoas internadas pudessem aprender outras habilidades laborais, como fundir ferro, serviços de encanamento, de eletricista, carpintaria, pintura, tipografia e marcenaria para que aqueles que tivessem oportunidade de regressar à sociedade ter alguma profissão para atuar.

Atualmente o hospício foi desativado e o local foi desmembrado para vários institutos para utilização da Universidade Federal do Rio de Janeiro, chamado de Palácio Universitário da Praia Vermelha.

Imperial Instituto dos Meninos Cegos

Com as propostas de institucionalização em países como a França, no Brasil também foi criado um instituto para pessoas cegas. A criação do instituto foi possível por causa de um jovem cego, que teve contato com o Instituto de Paris: José Álvares de Azevedo (1834-1854). Ele estudou na França por oito anos e conheceu todo o sistema de Braille.

Em 1850, quando retornou ao Brasil, veio com o propósito de difundir a educação do cego no país. Por isto, começou a fazer palestras para apresentar a proposta. Em uma delas, foi assistida pelo médico da corte, José Francisco Xavier Sigaud, e pelo Barão do Rio Bonito, o presidente da província do Rio de Janeiro, que possibilitaram uma audiência com o Imperador.

Encantado com a possibilidade de um cego ler, o Imperador Dom Pedro II permitiu a construção de uma escola nos moldes da apresentada por José Álvares de Azevedo. A instituição criada no Rio de Janeiro tinha o nome de Imperial Instituto dos Meninos Cegos, que foi inaugurada em 17 de setembro de 1854, com o objetivo de instruir as crianças cegas do império. Infelizmente, o idealizador do instituto não esteve presente na inauguração, já que José Álvares de Azevedo morreu de tuberculose seis meses antes da inauguração.

No primeiro ano do Imperial Instituto dos Meninos Cegos foram atendidos meninos e meninas das províncias do Rio de Janeiro e Ceará. Somente ao final do regime da monarquia que começou a receber alunos de outras províncias.

No período de 1856 a 1869, Claudio Manoel da Costa foi diretor do Instituto e convidou o professor Benjamin Constant para lecionar matemática, no ano de 1862. Benjamin percebeu a dificuldade de assimilação dos alunos para a matemática e, por isto, criou uma metodologia de ensino com o uso de Braille que teve sucesso para a aprendizagem dos alunos que lá estudavam e posteriormente se tornou o terceiro diretor do instituto.

Em 1890 foi construído um novo prédio para o instituto por causa da demanda que recebia. Com a mudança em 1891, o instituto recebeu o nome de Benjamin Constant (IBC), conhecido por este nome até hoje.

> *PARA SABER MAIS! Conheça a página virtual do Instituto Benjamin Constant em: <http://www.ibc.gov.br/>. Acesso em: 05 mar. 2015.*

Imperial Instituto dos Surdos-Mudos

Na tentativa de regularizar o ensino entre as crianças, em 17 de fevereiro de 1854, o ministro Couto Ferraz (1818-1886) criou a Inspetoria Geral de Instrução Primária e Secundária, subordinada ao Ministério do Império.

Com a preocupação de regularizar o ensino, no entanto, não alcançando a todos, a política pública aliou-se ao ato da filantropia. Com isso foi convidado por Dom Pedro II, um professor francês surdo, Hernest Huet, a fundar a primeira escola para meninos surdos: a Imperial Instituto de Surdos-Mudos, em 1856.

Huet por ter conhecido bem a língua de sinais, na França, ajudou a começar a ensinar uma linguagem na instituição, além de dirigi-la por cinco anos. Como iniciou filantropicamente, o instituto recebia donativos e, no ano de 1857, uma lei destinou recursos público na Lei n. 939, de 26 de setembro de 1857, em que, no parágrafo 10°, havia a previsão de conceder ao Instituto dos Surdos-Mudos a subvenção anual de um valor estabelecido, e mais dez pensões anuais a favor de outros surdos-mudos pobres que, pelos termos de regulamento interno do Instituto, não foram aceitos pelo diretor e comissão dos aprovados pelo governo (BRASIL, 1957).

Huet ficou à frente da instituição até o ano de 1861 e, quando se retirou, o Instituto tomou outro caminho, que somente foi contestado em 1868, quando a instituição entrou em crise. Tobias Rabello Leite (1827-1896), o terceiro diretor da instituição, apontou que o local havia virado um asilo para surdos e, com isto, determinou a mudança para que voltasse ao seu propósito inicial: a educação.

Com isso, Tobias Rabello Leite consolidou o ensino de surdos no Brasil, constituindo um currículo elementar com algumas matérias dos anos secundários, além do ensino profissionalizante para as pessoas com surdez, com técnicas de agrícola, já que as famílias dos surdos eram oriundas do meio rural. Os cursos profissionalizantes de sapataria e encadernação dos livros da época foi ofertado em 1870.

No ano de 1957, houve uma mudança no nome do instituto, pois já não se usava mais a palavra "mudo", por saberem que os surdos não eram, necessariamente, mudos. Com a mudança, foi trocada a palavra por "educação". Assim, ficou Instituto Nacional de Educação de Surdos (INES) e, com o tempo, o instituto virou referência em educação e profissionalização dos surdos no Brasil e no exterior, com atuação até os dias de hoje.

> *PARA SABER MAIS! Conheça a página virtual do Instituto Nacional de Educação de Surdos em: <http://portalines.ines.gov.br/ines_portal_novo/>. Acesso em: 05 mar. 2015.*

Instituto São Rafael

O Instituto São Rafael foi criado em Belo Horizonte, Minas Gerais, no ano de 1926, por iniciativa de dois alunos do Instituto Benjamim Constant: Aires Machado Filho e João Gabriel de Almeida.

O instituto atendia pessoas com deficiência visual, reabilitando-as para a vida social e as educando. Em 1976, tornou-se a Escola Estadual São Rafael, que continuou com o objetivo de atender alunos com deficiência visual, por não mais fazer o serviço de reabilitação.

Atualmente, a escola oferta cursos profissionalizantes para pessoas com deficiência visual, como encadernação, informática, tapeçaria, bijuteria, entre outras, além de dar o suporte ao ensino do Braille.

Instituto de Cegos Padre Chico

Até 1927, São Paulo não tinha um instituto para cegos. Com isso, o médico José Pereira Gomes fez um pedido ao governo do estado para a criação de uma fundação que atendesse pessoas cegas. A construção do Instituto foi iniciada em 1928 e foi batizado com o nome do Monsenhor Francisco de Paula Rodrigues, o Padre Chico.

Em 1929, começaram as primeiras atividades no instituto, como o ensino de Braille, e no ano seguinte iniciou as oficinas para o trabalho, como a de confecção de vassouras, cursos para massagem, entre outros.

O primeiro objetivo do instituto era o de retirar as pessoas cegas da rua. Muitos ficavam internados, em um modelo assistencialista. Com a mudança de segregação para a integração, os cegos precisaram ser integrados à sociedade. Com isto, o instituto teve de se adequar para o atendimento da educação especial.

Os alunos com baixa visão começaram a ser atendidos no instituto somente a partir do ano de 2008 e, em 2012, iniciou o atendimento de pessoas com deficiência visual com outras deficiências associadas. Atualmente o instituto é conhecido, também, como Colégio Vicentino Padre Chico.

> *PARA SABER MAIS! Conheça a página virtual do Instituto de Cegos Padre Chico em: <http://www.padrechico.org.br/>. Acesso em: 05 mar. 2015.*

Fundação Dorina Nowill

No ano de 1946, foi registrado em cartório o estatuto da Fundação para o Livro do Cego no Brasil, idealizada por Dorina de Gouvêa Nowill (1919-2010). Dorina ficou cega aos 17 anos e percebeu a dificuldade de encontrar livros em Braille para continuar os estudos. Conseguiu, mesmo assim, concluir os seus estudos, tornando-se professora para o ensino primário.

Com a necessidade de ofertar livros impressos em Braille, a fundação de Dorina Nowill tem como objetivo filantrópico a produção de livros impressos em Braille para as pessoas com deficiência visual.

Apesar de não ter sido uma instituição voltada para o ensino da pessoa com deficiência visual, esta fundação colaborou com o acesso do cego, possibilitando que muitos livros e informativos fossem impressos em Braille.

PARA SABER MAIS! Para conhecer mais: conheça a página virtual da Fundação Dorina Nowill em: <http://www.fundacaodorina.org.br/>. Acesso em: 05 mar. 2015.

Sociedade Pestalozzi

A sociedade Pestalozzi teve início por um movimento em 1926, em Porto Alegre e com a criação do Instituto Pestalozzi, de Canoas, no Rio Grande do Sul. O atendimento do Instituto, inicialmente, era para pessoas que apresentavam dificuldade de aprendizagem.

Em 1929, Helena Antipoff chegou ao Brasil e trouxe informações para colaborar com o formato de ensino do pedagogo Johann Heinrich Pestalozzi, que acabou colaborando com o trabalho de reabilitação e atendimento à pessoa com deficiência na cidade de Belo Horizonte, em Minas Gerais.

Foi em 1932 que Helena Antipoff criou, enfim, a Sociedade Pestalozzi do Brasil, com algumas filiais pelo país como no Rio de Janeiro, em 1948, em São Paulo, em 1952, que migrou para outros estados do país, que até a década de 1960 atuavam de forma isolada para o trabalho com a deficiência. Em 1970, com a liderança de Helena Antipoff, foi criada a Federação Nacional das Associações

Pestalozzi, a Fenapestalozzi, uma forma de mobilizar e unir as associações isoladas pelo país.

Atualmente existe cerca de 150 sociedades Pestalozzi espalhadas pelo Brasil e a sede encontra-se na capital federal, migrada no ano de 2010, no Rio de Janeiro.

> *PARA SABER MAIS! Conheça a página virtual da Federação Nacional das Associações Pestalozzi Brasil em: <http://www.fenapestalozzi.org.br/>. Acesso em: 05 mar. 2015.*

Movimento Apaeano

A Associação de Pais e Amigos dos Excepcionais (APAE), foi criada em 1954, no Rio de Janeiro. Tem como principal objetivo a promoção e a integração da pessoa com deficiência intelectual e múltipla na sociedade.

A iniciativa partiu da americana Beatrice Bemis, mãe de uma menina com Síndrome de Down que, ao chegar ao Brasil, espantou-se por não existir no país uma associação de pais e amigos como a que já existia nos Estados Unidos.

Com isso, motivados por Beatrice, aconteceu uma reunião em 1955 para a criação de uma escola de excepcionais e, assim, foi criada a primeira APAE no Brasil. De 1955 a 1962 foram criados 16 APAES pelo país, sendo que 12 estavam no estado de São Paulo. Contudo, o movimento logo migrou para outras cidades. Com isso, foi necessária a criação da Federação Nacional das APAES, a Fenapae, criada em 1962, que funciona sem fim lucrativos, prestando serviços de educação, saúde e assistência social às pessoas com deficiência intelectual e múltiplas deficiências.

> *PARA SABER MAIS! Conheça a página virtual da Federação Nacional das APAES em: <http://www.apaebrasil.org.br/>. Acesso em: 06 mar. 2015.*

Associação Brasileira Beneficente de Reabilitação

Para as pessoas com deficiência física, não houve institutos criados especificamente para o estudo e trabalho como para as pessoas cegas, surdas e com deficiência intelectual. No entanto, na década de 1950, após a 2ª Guerra Mundial, houve a necessidade de criar centros de reabilitação para soldados pós-guerra.

Com isso, médicos e especialistas trouxeram da Europa e dos Estados Unidades métodos de reabilitação para o Brasil, desenvolvendo técnicas para atividades de pessoas que ficaram com deficiência física. Devido um surto de poliomielite no país os centros de reabilitação atendiam não apenas soldados, mas pessoas com a doença que se tornou uma epidemia na época, com destaque ao ano de 1953 quando foi registrado o maior surto de poliomielite.

Assim, em 1954 foi criada no Rio de Janeiro a Associação Brasileira Beneficente de Reabilitação (ABBR) que possibilitava às vítimas de poliomielite e pessoas com sequelas motoras tivessem acesso a um tratamento especializado, com isso que fosse reintegradas à sociedade.

O tratamento das pessoas com deficiência física seria feito por fisioterapeutas e terapeutas ocupacionais. Por essa razão, o Conselho Técnico e a Diretoria da ABBR instituíram uma escola de formação para estes profissionais. Com os primeiros profissionais formados, o então Presidente da República da época, Juscelino Kubistschek (1902-1976), inaugurou o Centro de Reabilitação da ABBR, em 1957.

Atualmente, a associação continua trabalhando com a reabilitação das pessoas com deficiência física e a produção de próteses, para que elas alcancem a independência para viver em sociedade.

PARA SABER MAIS! Conheça a página virtual da Associação Brasileira Beneficente de Reabilitação em: <http://www.abbr.org.br/abbr/index.html>. Acesso em: 06 mar. 2015.

Associação de Assistência à Criança Defeituosa

Apesar da Associação de Assistência à Criança Defeituosa (AACD) ter sido fundada em 1950, antes da ABBR, o centro de reabilitação começou a atender apenas no ano de 1963, inspirado na revolução tecnológica para a reabilitação no exterior.

A AACD é uma entidade privada, sem fins lucrativos que visa o bem estar de pessoas com deficiência física com centros de reabilitação, capacitação profissional, inserção nos esportes paraolímpicos, programas de sustentos para pessoas com **paralisia cerebral**, **lesão medular**, **lesão encefálica adquirida** infantil e adulto, **mielomeningocele**, **malformação congênita**, **amputados**, **doenças neuromusculares** e poliomielite, assim como auxílio para os familiares.

Atualmente a AACD trocou o nome "defeituosa" para "deficiente" e, assim, ficou Associação de Assistência à Criança Deficiente. Um dos seus canais de captação de recurso é o Teleton, que é uma maratona televisiva para angariar fundos para a sustentabilidade da associação.

P ARA SABER MAIS! Conheça a página virtual da Associação de Assistência à Criança Deficiente em: <http://homolog.aacd.org.br/>. Acesso em: 06 mar. 2015.

Instituto Bahiano de Reabilitação

O Instituto Bahiano de Reabilitação foi fundado em Salvador, em 1950, e é hoje uma unidade da Fundação José Silveira, que transformou outras unidades para o atendimento da população de baixa renda, sem condições de tratamento.

O atendimento do instituto é especializado para pessoas com deficiência física, sem limite de idade, residentes na cidade de Salvador e no interior do estado da Bahia.

Associação Fluminense de Reabilitação

A Associação Fluminense de Reabilitação (AFR) foi inaugurada em 1958 como uma instituição filantrópica. A sua função é oferecer reabilitação para pessoa com deficiência assistida por uma equipe multidisciplinar (Fisioterapia, Fono-audiologia, Massoterapia, Nutrição, Psicopedagogia, Psicologia, Serviço Social e Terapia Ocupacional).

A AFR foi inaugurada pelo em razão do surto de poliomielite no país e continua atendendo pessoas com deficiência de todo o Brasil.

P ARA SABER MAIS! Conheça a página virtual da Associação Fluminense de Reabilitação em: <http://www.afr.org.br/>. Acesso em: 06 mar. 2015.

Instituto Londrinense de Educação de Surdos

No estado do Paraná, em 1959, foi fundado o Instituto Londrinense de Educação de Surdos (ILES) pela professora Rosalina Lopes Franciscão, ao conhecer um aluno surdo que não compreendia conceito algum.

Com a necessidade de ensinar a este e a outros alunos com surdez, a professora Rosalina, seu esposo e outras pessoas de sua comunidade fundaram o Instituto, que teve a ajuda e orientação de outros institutos já criados no país.

O ILES tornou-se referência no atendimento de surdez na região e, até os dias atuais, fazem atendimento com foco na educação e na saúde auditiva.

4. Conclusão

A institucionalização para a pessoa com deficiência foi o primeiro passo de oportunidades de acesso a essas pessoas, até mesmo para a profissionalização. Inicialmente, os institutos foram criados para acabar com um problema na sociedade, que eram as pessoas com deficiência largadas nas ruas. Todavia, com o apoio de estudiosos que acreditavam que pessoas com deficiência apresentam inteligência e habilidades como qualquer outra pessoa, as instituições começaram a oferecer ensino e atividades de profissionalização.

Apesar disso, os institutos mantinham as pessoas com deficiência segregadas da sociedade, sua aprendizagem educacional e laboral eram limitadas as atividades agrícolas ou manufaturadas, que não davam visibilidade para o acesso total à sociedade.

Com o tempo, o processo de integração nos institutos possibilitou a parceria de escolas e empresas para que pessoas com deficiência fosse integradas à sociedade e com isto muitos locais funcionavam como escolas especiais.

Atualmente, com o novo contexto da inclusão, as pessoas com deficiência passaram a ter o direito de frequentar não apenas as escolas especiais, mas qualquer escola comum, com o direito de ter acesso ao ensino profissionalizante não apenas nos institutos, mas em qualquer instituição de ensino.

O que podemos concluir é que os institutos foram, e continuam sendo, de extrema importância para a pessoa com deficiência, pois, inicialmente, eles deram assistência a essas pessoas e, atualmente, são os que dão apoio para a inclusão, além dos centros de reabilitação que possibilitam que a pessoa com deficiência física possa ser integrada à sociedade.

Glossário – Unidade 4

Alienadas mentais – historicamente, pessoa que apresentava algum distúrbio, comportamentos diferentes, beirando à loucura.

Alto relevo – palavras na grafia usual em relevo para que o portador de deficiência visual consiga identificá-las pelo tato.

Amputados – pessoa que teve algum(s) membro(s) (inferior ou superior) removido completa ou parcialmente.

Braille – sistema de escrita por pontos, criado por Louis Braille, que possibilita a leitura, por tato, da pessoa portadora de deficiência visual.

Centros de reabilitação – institutos criados para que as pessoas com determinadas deficiência possam ser orientadas para a recuperação física, mental e social.

Doenças neuromusculares – diferentes tipos de patologia que podem ser hereditárias ou adquiridas, que afetam o músculo e nervos periféricos.

Intempéries – nos primórdios, tratava-se de algum infortúnio que os indivíduos portadores de qualquer deficiência causavam ao ficarem largados nas ruas.

Lesão encefálica adquirida – lesão, agressão ou danos físicos causado no cérebro, que pode deixar sequelas no indivíduo.

Lesão medular – identificada quando a medula espinhal é danificada por conta de algum trauma ocorrido ou acidente, podendo levar a pessoa a perder integral ou parcialmente os movimentos de pernas/braços.

Malformação congênita – anomalias que ocorrem no desenvolvimento de algum órgão ou tecido.

Mendicância – ato de pedir esmolas publicamente.

Mielomeningocele – malformação congênita da espinha dorsal que não se fecha para cobrir a medula espinhal, podendo ser percebida logo no primeiro mês de gestação.

Paralisia cerebral – lesão no cérebro ocorrida pela falta de oxigênio no nascimento, que pode causar um grupo de desordem no desenvolvimento do controle motor e da postura.

Preceptor – pessoa da área da saúde que tem por incumbência acompanhar ou orientar o desenvolvimento da criança com deficiência, considerada paciente.

Referências

AMERICAN PSYCHIATRIC ASSOCIATION. *Manual diagnóstico e estatístico de transtornos mentais*. 4. ed. Porto Alegre: Artmed, 2003.

AROUCHA, M. J. R. *Escolarização e a inserção da pessoa com deficiência auditiva no mercado de trabalho formal na cidade de São Luís*. Dissertação (Mestrado em Educação). Universidade Federal do Maranhão, São Luís, 2011. 164p. Disponível em: <http://www.tedebc.ufma.br/tde_busca/arquivo.php?codArquivo=584>. Acesso em: 20 fev. de 2015.

BAIRRO, E. O.; GOIN, M. O mundo do trabalho e seus rebatimentos no projeto ético-político profissional do serviço social brasileiro. In: BELLO, E.; LIMA, M. M. B.; AUGUSTIN, S. *Direito e Marxismo: materialismo histórico, trabalho e educação*. Caxias do Sul: Educs, 2014.

BLAY, E. A. 8 de março: conquistas e controvérsias. *Revista estudo feministas*, v. 9, n. 2, p. 601, 2001.

BRASIL. *Coleção de leis do Império*. Lei n. 939, de 26 de setembro de 1857. Disponível em: <http://www2.camara.leg.br/legin/fed/lei/1824-1899/lei-939-26-setembro-1857-557839-publicacaooriginal-78539-pl.html>. Acesso em: 04 de março de 2015.

BRASIL. Ministério do Trabalho. *Decreto n. 5.452*. Aprova a consolidação das leis do trabalho (CLT). 1943.

BRASIL. Ministério da Educação. *Decreto n. 5.626*, de 22 de dezembro de 2005. Regulamenta a lei n. 10.436, de 24 de abril de 2002, que dispõe sobre a Língua Brasileira De Sinais - Libras, e o art. 18 da lei n. 10.098, de 19 de dezembro de 2000.

BRASIL. Ministério da Educação. Secretaria de Educação Especial. *Lei n. 10.436*, de 24 de abril de 2002. Dispõe sobre a Língua Brasileira de Sinais – Libras e dá outras providências. 2002.

BRASIL. Decreto n. 3.298, 20 de dezembro de 1999. *Política Nacional para Integração da Pessoa com Deficiência*. Disponível em: <http://peei.mec.gov.br/arquivos/politica_nacional_educacao_especial.pdf>. Acesso em: 21 de fev. 2015.

BRASIL. Ministério das relações exteriores. *Decreto n. 129*, de 22 de maio de 1991. Promulga a convenção n.159, da organização internacional do trabalho – OIT, sobre reabilitação profissional e emprego de pessoas com deficiência. 1991.

BRASIL. Senado Federal. *Lei de Diretrizes e Bases da Educação Nacional*. Brasília, 1961.

BRASIL. Ministério das Relações Exteriores. *Decreto n. 6.949*, de 25 de agosto de 2009. Promulga a Convenção Internacional sobre os Direitos das Pessoas com deficiência e seu protocolo facultativo, assinado em Nova York, em 30 de março de 2007.

Referências

BRASIL. Ministério da Educação. *Lei de diretrizes e bases da educação nacional n. 9.394*, de 20 de dezembro de 1996. Brasília: MEC, 1996.

BRASIL. Senado Federal. *Constituição Federativa do Brasil*. Brasília: Câmara dos Deputados/Coordenação Edições Câmara, 1988.

BENEVIDES-PEREIRA, A. M. T. Burnout, por quê? In: BENEVIDES-PEREIRA, A. M. T. *Burnout: quando o trabalho ameça o bem-estar do trabalhador*. 4. ed. São Paulo: Casa do psicologo, 2010.

CAMPOS, J. A. P. P. *Programa de habilidades sociais em situação natural de trabalho de pessoas com deficiência: análise dos efeitos*. Tese (Doutorado em Educação Especial). Universidade Federal de São Carlos, São Carlos, 2006. 164p. Disponível em: <http://www.bdtd.ufscar.br/htdocs/tedeSimplificado/tde_arquivos/9/TDE-2008-04-16T13:05:54Z-1788/Publico/1724.pdf>. Acesso em 20 fev. 2015.

CENSO DEMOGRÁFICO 2010. Características gerais da população, religião e pessoas com deficiência. Rio de Janeiro: IBGE, 2012.

CODO, W.; VASQUES-MENEZES, I.; VERDAN, C. S. Importância social do trabalho. In: CODO, W. (Coord.). *Educação: carinho e trabalho*. 3. ed. Petrópolis: Vozes; Brasília: Ed. da UnB, 1999.

FONSECA, L. G. D. *A luta pela liberdade em casa e na rua: a construção do direito das mulheres a partir do projeto promotoras legais populares do Distrito Federal*. Dissertação (mestrado). Universidade de Brasília. Brasília, 2006. 171 f. Disponível em: <http://repositorio.unb.br/bitstream/10482/10695/1/2012_LiviaGimensesDiasdaFonseca.pdf>. Acesso em: 29 set. 2014.

FRANCO, J. R. DIAS, T. R. S. *A pessoa cega no processo histórico: um breve percurso*. Associação de deficientes e familiares. 2014. Disponível em: <http://www.asdef.com.br/innova/assets/artigos/historia009.pdf>. Acesso em 21 de fev. 2015.

GINSBURG, M. El proceso de trabajo y la acción política de los educadores: Um análisis comparado. *Revista de Educación*, n. extraordinário "Los usos de la comparación en Ciencias Sociales y en Educación", p. 315-345, 1990.

JANNUZZI, G. M. *A educação do deficiente no Brasil: dos primórdios ao início do século XXI*. 2. ed. Campinas: Autores Associados, 2006.

MARQUES, C. A. Implicações políticas da institucionalização da deficiência. *Educação e Sociedade*, Campinas, v. 19, n. 62, 1998. Disponível em: <http://www.scielo.br/scielo.php?script=sci_arttext&pid=S0101-73301998000100006>. Acesso em: 03 mar. 2015.

MARX, K. *O capital*. Livro I e II. 2. ed. Rio de janeiro: Bertrand, Brasil, 1982. v. I e II.

MAZZOTA, M. J. S. *Educação Especial no Brasil: História e políticas públicas.* São Paulo: Cortez, 1996.

MAZZOTTA, M. J. S. História da educação especial no Brasil. *Temas em educação especial*, São Carlos, Universidade Federal de São Carlos. v. 1, p. 106-107, 1990.

MAZZOTTA, M. J. S. *Educação especial no Brasil: história e políticas públicas.* 5. ed. São Paulo: Cortez, 2005.

MENDES, E. G. Breve histórico da educação especial no Brasil. *Revista Educación y Pedagogia*, v. 22, n. 57, p. 93-109, maio/ago., 2010.

NERES, C.C. *Educação profissional do portador de necessidades especiais para quê?* (O caso de Campo Grande – MS). Dissertação (Mestrado em Educação) – Universidade Federal de Mato Grosso do Sul, Campo Grande. 1999. 208p.

OIT. Organização Internacional do Trabalho. *Gestão de questões relativas a deficiência no local de trabalho.* Tradução de Edilson Alkmin Cunha. Brasília: OIT, 2006. Disponível em: <http://www.oitbrasil.org.br/sites/default/files/topic/disability/pub/gestao_2006_297.pdf>. Acesso em: 22 fev. 2015.

ONU. Organização das Nações Unidas. *Declaração Universal dos direitos humanos.* Adotada e proclamada pela resolução 217 A (III) da Assembleia Geral das Nações Unidas, em 10 de dezembro de 1948.

OMS. Organização Mundial da Saúde. *Classificação de transtornos mentais e de comportamento – CID-10.* Porto Alegre: Artmed, 1993.

PINSKY, J. *A escravidão no Brasil.* 21. ed. São Paulo: Contexto, 2010.

ROMANOWSKI, J. P. *Formação e profissionalização docente.* Curitiba: InterSaberes, 2012.

SILVA, M. O. E. Da exclusão à inclusão: concepções e práticas. *Revista Lusófona de Educação*, Lisboa, n. 13, 2009. Disponível em: <http://www.scielo.oces.mctes.pt/scielo.php?pid=S1645-72502009000100009&script=sci_arttext>. Acesso em: 02 mar. 2015.

SILVA, J. O.; BERWIG, S. E. Trabalho e emancipação humana: uma reflexão sobre a inclusão social da pessoa com deficiência. In: BELLO, E.; LIMA, M. M. B.; AUGUSTIN, S. *Direito e Marxismo: materialismo histórico, trabalho e educação.* Caxias do Sul: Educs, 2014.

SILVA, P. V. B.; ROSEMBERG, F. Brasil: lugares de negros e brancos na mídia. In: VAN DIJK, T. A. *Racismo e discurso na América Latina.* São Paulo: Contexto, 2008.

SILVEIRA, Rosa. Diversidade de gênero – mulheres. Universidade Federal da Paraíba. Paraíba, 2009. Disponível em: <http://www.dhnet.org.br/dados/cursos/edh/redh/03/03_rosa1_diversidade_genero.pdf>. Acesso em: 30 set. 2014.

TARDIF, M. A profissionalização do ensino passados trinta anos: dois passos para a frente, três para trás. *Educ. Soc.* [online], v. 34, n. 123, p. 551, 2013.

Soellyn Elene Bataliotti

Doutora em Educação pela Universidade Estadual Paulista (Unesp). Especialista em Técnicas e Métodos de Pesquisa pela Universidade Tecnológica Federal do Paraná (UTFPR) e Especialista em Designer Instrucional pela Universidade Federal de Itajubá (Unifei-MG). Experiência na área da Educação, com ênfase na Educação Especial e Educação a Distância.